# ¡SILENCIO!

**Pedro Bravo** lleva años investigando y reflexionando sobre temas sociales, medioambientales y culturales y retratando la estrepitosa y acelerada deriva a la que nos somete el modelo económico. Lo hace tanto en medios de comunicación, en los que colabora habitualmente, como en sus libros. Ha publicado dos obras de referencia sobre asuntos urbanos: sobre movilidad, *Biciosos* (Debate, 2014); sobre turismo, *Exceso de equipaje* (Debate, 2018); además de una novela, *La opción B* (Temas de Hoy, 2012) y un libro de relatos, *Cabo Norte* (Menguantes, 2020). Ha dirigido, escrito y narrado, para la plataforma Sonora, un pódcast llamado *Silencio* que complementa la lectura de este libro.

# PEDRO BRAVO

# ¡SILENCIO!

Manifiesto contra
el ruido, la inquietud
y la prisa

Papel certificado por el Forest Stewardship Council®

MIXTO
Papel
FSC® C117695

Penguin
Random House
Grupo Editorial

Primera edición: febrero de 2024
Cuarta reimpresión: abril de 2026

© 2024, Pedro Bravo
© 2024, Penguin Random House Grupo Editorial, S.A.U.
Travessera de Gràcia, 47-49. 08021 Barcelona

Diseño de la colección: PRHGE / Nora Grosse

*Printed in Spain* – Impreso en España

ISBN: 978-84-19951-27-4
Depósito legal: B-17.827-2023

Compuesto en La Nueva Edimac, S. L.
Impreso en Huertas Industrias Gráficas, S. A.
Fuenlabrada (Madrid)

C 9 5 1 2 7 4

*A Martina*

# Índice

# Silencio es resistencia

¿Y si la auténtica protesta fuese callarse? ¿Y si la verdadera revolución empezase por quedarse quieto? ¿Y si Bartleby tuviera razón y esfumarse fuese la forma de abrazar la vida? Vivimos un presente acelerado y ruidoso. Muchos creen que así arribaremos a un futuro mejor en el que todos estaremos salvados. Algunos, por el contrario, tenemos la sensación de que estamos yendo, demasiado rápido y con exceso de estruendo, directos a darnos de bruces con la realidad que hay tras el relato.

La duda es si somos así. Por cómo ha sido nuestra evolución, parece que nuestra especie está hecha para descubrir y explorar. También parece que la capacidad de comunicarnos de distintas formas es uno de nuestros rasgos, como lo es contarnos y creernos cuentos. Si es así, quizá es que estamos hechos para hacer ruido.

¿Esto quiere decir que tenemos que dejarnos llevar por la algarabía? ¿Santificamos el bruxismo, el estrés y el insomnio? ¿Abrazamos el grito, la autoexigencia y la inquietud? ¿Seguimos celebrando la prisa, el narcisismo y la productividad? La pereza que da escribir y leer este párrafo es un síntoma, una pista de que el silencio también puede ser naturalmente humano y muy necesario.

La resistencia es una forma de movimiento. Ahora mismo, cuesta mucho menos fluir con el jaleo que esforzarse por conservar la tranquilidad. No hay paradoja, por tanto, en afirmar que la quietud es una manera de moverse y, por eso, de ser nosotros. Y el silencio es la banda sonora de esa resistencia. Parar, callar, escuchar, estar en paz, dejar en paz. Qué alivio, el silencio. Y qué pena que sea imposible.

En física, un sonido es la transmisión de una onda a través de un fluido. La onda suele estar producida por la vibración de un cuerpo; el fluido que más nos suena a nosotros es el aire. Es a través de él que nuestro sistema auditivo y el del resto de los animales terrestres capta los sonidos. Con él transformamos esas ondas en impulsos eléctricos para que las interprete el cerebro.

La presión acústica es el concepto que sirve para definir la variación que produce esa onda en la presión atmosférica. Al calcular el nivel de presión acústica estamos midiendo el sonido que alcanza a alguien en un momento concreto. Lo hacemos con los decibelios. Por contextualizar, un disparo de un arma de fuego genera en torno a 140 decibelios; una conversación, unos 60; un suspiro, 30, y la respiración, no menos de 10 decibelios. Lo que hay por debajo es, para nosotros, inaudible. Pero eso no quiere decir que no suene.

Cero decibelios es la marca que determina nuestro rango inferior de audición, pero no es silencio. El silencio absoluto es fácil de definir teóricamente: es la ausencia de presión acústica, la ausencia de vibraciones. Pero el silencio absoluto solo existe en esa teoría. Para que ocurra, habría que deshacerse de todo, de cualquier materia. Son condiciones de vacío que se pueden reproducir en laboratorio pero que nos excluyen. No es que no podamos percibir ese silencio total, es que no nos lo podemos permitir. No podríamos respirar en esas condiciones y, por eso, no podríamos oír.

Este viene a ser el meollo de una clásica cuestión metafísica. ¿Hace ruido un árbol que cae en el bosque si no hay nadie para percibirlo? El asunto divide a la humanidad desde hace unos siglos entre realistas e idealistas, o sea, entre los que creen que el árbol cayendo sí suena y los que sostienen que lo de sonar solo puede suceder si hay un cerebro humano para procesar esa vibración. El dilema abre un melón cuántico —que voy a dejar aparte para no liarnos mucho— y otro que tiene que ver con nuestro ego.

El problema del árbol lo plantea en 1710 el filósofo irlandés George Berkeley en su *Tratado sobre los principios del conocimiento humano*[1] y, desde entonces, todo el pensamiento que ha generado —el suyo, el de George Locke, el de un montón de filósofos y también científicos que se han aproximado a la cuestión— lo único que ha podido demostrar es el narcisismo que gastamos como especie. Los que se pronuncian sobre este tema se suelen olvidar de la posible experiencia acústica de otros animales a partir del fenómeno planteado y de todo lo que puedan llegar a percibir las plantas, quizá no con un sistema auditivo como el nuestro, pero sí con una sensibilidad e inteligencia que no por ser distinta es inexistente.

Regresaré al narcisismo, pero ahora nos quedamos a medio camino, en la subjetividad. De vuelta a ese experimento en el que se pueden replicar las condiciones para el silencio absoluto, la verdad es que, sean realistas o idealistas, personas, animales y plantas no pueden estar en ese vacío y, por tanto, no pueden oír esa nada total. Llegados a este punto, se puede afirmar que el silencio absoluto es incompatible con la vida y viceversa. Vivir suena.

Una vez descubierta la subjetividad en la definición de la física del sonido, nos topamos con algo aún más sorprendente: no hay tal definición para ruido. O no la hay sin que dependa del criterio de cada individuo. «Un sonido inarticulado, por lo general desagradable». «Sonido peligroso, molesto, inútil o desagradable». «Un sonido que molesta». El ruido es, por tanto, un asunto algo subjetivo.

La ciencia dice que a partir de 150 decibelios de presión acústica el sonido puede ser peligroso para nuestro sistema auditivo, pero también que la exposición continuada a presiones de 90 decibelios lo es igualmente. Nos fastidia el oído estar un segundo ante el despegue de un avión tanto como estar todo el día expuestos al tráfico de coches habitual en una ciudad.

Nuestra experiencia, además, nos explica que ruido es tener una fiesta atronando en la casa de abajo… salvo para los que están en la fiesta. O que el sonido de una moto con el tubo de escape recortado es ruido para mí, pero no para el que la lleva. O que, en cambio, la música punk que yo escuchaba de joven —y aún escucho— era ruido para algunos de mis amigos pero no para mí.

Es casi imposible hablar o escribir sobre silencio sin citar a un compositor nacido en Los Ángeles en 1912, hijo de un inventor y una periodista. John Cage es ese músico y musicólogo, uno de los nombres más influyentes de las vanguardias de la segunda mitad del siglo XX que, si es famoso fuera del círculo de los expertos, es por ser el creador de una obra llamada *4'33"* en la que no suena ni una sola nota.

Experimentar es romper lo que hay para construir algo nuevo de otra manera. Lo que hay cuando John Cage busca su sitio como músico vanguardista es muchísima agitación. El futurismo, el dadaísmo, el surrealismo, el comunismo, el capitalismo, la primera gran guerra, la segunda, la posguerra, la sociedad de consumo. ¿Cómo ser verdaderamente rompedor en ese momento?

Cage había probado el ruido como forma de provocación sonora, pero su curiosidad investigadora le lleva a leer a filósofos alemanes —Maestro Eckhart— e indios —Ananda K. Coomaraswamy— hasta llegar al budismo zen, que le sirve como vía para transformar su trabajo. Además, es vecino en Nueva York de Jasper Johns y Robert Rauschenberg, y lo que podría haber sido una precuela culturera de la serie *Friends* es más bien una fuente para la renovación de distintas disciplinas artísticas en la que también está inmerso el coreógrafo Merce Cunningham, que para entonces ya es pareja de Cage. Hay inspiración, hay colaboración y también hay algo de competencia.

Cuando Rauschenberg se lanza a realizar sus pinturas blancas, John Cage entiende que debe profundizar en su búsqueda del vacío, que él debe representar a la música en ese camino que quiere llegar al abismo que hay más allá del minimalismo. La vía que escoge va por deshacerse del orden y dejar al azar cumplir su misión. En su *Concierto para piano y orquesta preparados* coloca las sesenta y cuatro notas de su teclado en un tablero y decide cuáles y cómo van a aparecer echando una moneda al aire para consultar el *I Ching*, el libro de oráculos tradicional chino. Es su forma de trabajar con el silencio: olvidarse de lo preestablecido y dejar que las cosas sucedan a su manera. No intervenir. Es aplicar el zen y el misticismo a la composición, al arte, y es también un ejercicio crítico contra el antropocentrismo, «al modo en que el hombre se constituye en centro regulador de la experiencia»,[2] como señala Carmen Pardo, filósofa y traductora de la obra de Cage.

En esa época el artista californiano visita la cámara anecoica de Harvard. Una cámara anecoica es un lugar donde se reproducen condiciones de transmisión del sonido sin obstáculos, sin rebotes, una cámara sin eco y totalmente aislada de los sonidos externos. Como tantas otras cosas, las cámaras anecoicas se inventan para desarrollar instrumentos para la guerra como los radares, aunque enseguida pasan a usarse para medir el nivel de ruido de aparatos, herramientas y otros productos comerciales.

La leyenda cuenta que la experiencia de la cámara supone para Cage una epifanía; que entra allí en busca del silencio absoluto y, al escuchar los sonidos de su sistema circulatorio, se da cuenta de que tal cosa no existe. La leyenda también dice que ese momento inspira su obra más famosa y polémica.

El título de la obra, 4'33", retrata el tiempo que el pianista que la interpreta se queda sentado, quieto, sin tocar el piano más que para cerrar y levantar la tapa y marcar así los tres movimientos que la conforman. Dentro de ese tiempo y de la partitura no hay nada, no hay música, no hay notas, no hay sonido. Bueno, sonido sí hay, al menos en su interpretación en directo, tanto en la primera que se hace en 1952 en el Maverick Concert Hall de Woodstock, Nueva York, como en todas las que han sucedido después. Son los carraspeos, las toses, los suspiros y hasta los silbidos del público. La demostración de que fuera de la cámara anecoica el silencio tampoco existe porque estamos vivos para impedirlo.

No parece muy creíble que John Cage descubra en la cámara anecoica la imposibilidad del silencio absoluto. Puesto que lleva años trabajando sobre esa materia, es casi seguro que cuando entra allí está al tanto de la realidad física que se ha explicado ya en este capítulo. En cualquier caso, lo que él busca es profundizar en sus experimentos con el azar. Para él, silencio pueden ser todos los sonidos no pretendidos. Lo que hace con su obra es vincular el silencio acústico con el silenciamiento del ego.

Por eso, quizá, no se recrea mucho en el controvertido éxito de 4'33", a pesar de su impacto. Desde que escribe esa obra en 1952 hasta su muerte cuarenta años más tarde, compone casi un centenar de piezas musicales de todo tipo, muchas de ellas a partir de esa forma de trabajar basada en la fortuna. A 4'33" vuelve dos veces: con una revisión en 1962 que llama *0'00"* y con otra en 1989, *One*. No escribe sobre el tema, no propone nuevas actuaciones y no habla de él salvo que se le insista.

Según su amigo James Pritchett, musicólogo, escritor, pianista y uno de los mayores estudiosos de la obra del compositor norteamericano, puede haber dos motivos. Por un lado, todo este proceso creativo inspirado por el zen y en torno al azar y el silencio viene de una crisis vital que Cage pasa en la década de 1940 y *4'33"* es la forma de sacársela de encima. Por otro, el autor cree que su obra no acaba de funcionar. La gente la malinterpreta y da lugar a un montón de preguntas que él considera irrelevantes.[3]

Efectivamente, la composición provoca aún hoy valoraciones diversas y no siempre muy profundas: es una provocación, es un chiste, es una mierda. Más allá de lo que apunta Pritchett, puede que todas las reacciones sean parte del experimento: que el silencio provoque ruido. Es evidente que Cage, con *4'33"*, deja la partitura en blanco, abierta a los sonidos involuntarios para que nos demos cuenta de que existen y de que, aunque los emitamos nosotros, no podemos evitarlos. Pero es posible que, dentro de esa categoría de sonidos instintivos, debamos incluir los centenares de interpretaciones y opiniones sobre la pieza que ha habido desde 1952.

Así, lo que John Cage demuestra es que el silencio, como el punk en su momento, molesta y genera ruido. No somos capaces de soportar la ausencia no ya de sonidos, sino de pensamiento, de juicio, de opinión. Cage, que busca ser rompedor, se acaba la pantalla de las vanguardias y se adelanta a su tiempo para retratar el nuestro. Hoy, convencidos como estamos de que todo pasa por estar en constante cháchara y frenética actividad, nos parece que el silencio es ruido. ¿Nos estamos equivocando?

«Vivir no es vivir, sino darse cuenta», escribe Josep Maria Esquirol en *La resistencia íntima*.[4] Por si no ha quedado claro, el ruido que tratan estas páginas es más que una cuestión acústica. Es ruido la inquietud que nos impide la claridad, el murmullo constante de nuestros pensamientos que interpretamos como emociones y, hasta con la misma realidad, la necesidad permanente de manifestarnos, la exigencia y la autoexigencia, la obsesión por hacer, la productividad y, también, la prisa.

Se habla de efecto túnel para definir la pérdida de campo de visión lateral de los conductores cuando van a toda mecha. A 60 km/h, por ejemplo, nuestro ángulo de visión se reduce a 70°; a 130 km/h, es de solo 30°. De esta manera, nos perdemos todo lo que hay alrededor y solo estamos conectados con nosotros mismos y con lo que tenemos enfrente, convencidos de que únicamente es eso lo existente, de que hay un único destino posible: allí y así. La velocidad, como ya sabemos, es la causa principal de las muertes en accidentes de tráfico. Por la energía cinética implicada en el impacto y también por la limitación de la atención que acarrea.

Cuando los urbanistas proponen ciudades a escala humana, lo que quieren es bajar la velocidad de nuestros trayectos, potenciar las idas y venidas caminando o en bicicleta o incluso facilitar que no haga falta estar moviéndose sin pausa, que se pueda simplemente estar en una calle, en una plaza, incluso sin consumir. De esta manera es como nos sentimos más cómodos porque estamos más conectados con otras personas, animales y cosas, con el entorno. Y, por eso, con nosotros mismos.

Pero no es así como estamos viviendo. No ya en las ciudades y las carreteras, también como sociedad. La prisa forma parte desde hace décadas de nuestro comportamiento social, alimentada por el modelo económico, por las herramientas tecnológicas y por nuestra confianza en los relatos que nuestra cultura y nuestro cerebro diseñan para que pensemos que eso cada vez más limitado que vemos delante por culpa del efecto túnel es lo mejor que podemos alcanzar.

En su libro, Esquirol señala que siempre hemos utilizado la palabra «resistencia» para referirnos a la que «las cosas presentan ante las intenciones de los humanos». De nuevo, nuestro narcisismo. Para el filósofo catalán, también podemos usarla para designar «la fortaleza que podemos tener y levantar ante los procesos de desintegración y corrosión que provienen del entorno e incluso de nosotros mismos». Para ello, hay que darse cuenta. Hay que vivir.

El silencio puede ser el camino. No hay vida en el silencio absoluto, pero tampoco la hay en el ruido permanente. Observar, escuchar, parar, estar, sentir, cuidar; ahora mismo todas ellas son acciones revolucionarias. El silencio es resistencia.

# Contra el ruido

De los cinco, el oído es el sentido que funciona desde que empezamos a existir. En el útero materno, nos empieza a servir información, nos conecta con la vida y con los afectos. «Oír es una manera de tocar a distancia».[1] La frase de R. Murray Schafer explica tan bien una de las funciones del oído que podríamos haberla expresado cualquiera de nosotros cuando éramos bebés no natos si hubiésemos podido entonces decir o incluso entender algo. Aunque algo vamos entendiendo en ese primer periodo vital y es también gracias al oído.

Schafer, compositor, investigador y escritor canadiense, añade en su reflexión —recogida del libro *El paisaje sonoro y la afinación del mundo*— que nuestro oído, en ese momento, nos conecta con nuestra familia, nuestro presente y, si todo va bien, nuestro futuro y también nos vincula a nuestro pasado como especie. Venimos del agua y ahí, calentitos en el líquido amniótico, estamos sintonizados con nuestra historia. Quizá por eso, ya nacidos, los sonidos de las olas del mar o los de un río corriendo entre las piedras son algunos de los que más nos tranquilizan.

Canalizamos las vibraciones que llegan a nuestro oído a través del tímpano, el martillo, el estribo y el yunque. Al llegar al caracol o cóclea, esa energía mecánica se convierte en una señal eléctrica que viaja por los nervios auditivos hasta el tronco del encéfalo y a la corteza cerebral, que es donde se produce la percepción de ese sonido, donde cobra sentido. Así, no solo estamos conectados con la vida, sino que empezamos a asimilarla. La percepción de los estímulos sonoros es fundamental para la plasticidad neuronal, que es la capacidad del sistema nervioso para adaptarse al entorno, para aprender.

El oído es el primer sentido en ponerse a funcionar y también es el más trabajador; el que, incluso cuando dormimos, está pendiente para avisarnos. Y es, además, el que nos ha resultado más fiable durante buena parte de la breve historia de nuestra especie. La cultura visual es relativamente reciente. Hay quien dice que llegó cuando comenzó la escritura y, por tanto, la lectura. Pero ambos fueron, durante mucho tiempo, privilegios reservados a unos pocos. Pudo empezar, en Europa, a partir del Renacimiento, con el desarrollo de la pintura en perspectiva y la imprenta. Pero cuando definitivamente dejamos atrás la escucha y lo fiamos todo a la vista fue con la Revolución Industrial y el desarrollo de los medios de comunicación de masas, en cuyo zénit estamos ahora mismo. Hasta que llegue mañana y lo superemos. Es en ese mismo momento histórico cuando comienza a hacerse presente y extenderse la contaminación acústica. También hoy estamos en todo lo alto de ese problema. Y también parece que por poco tiempo.

El ruido es un enemigo evidentemente invisible y paradójicamente inaudible. De hecho, la incongruencia se explica por su abundancia; es tan constante su presencia que no le prestamos atención. El ruido es eso que acostumbramos a ignorar debido a su permanencia. Pero no percibirlo no evita que nos haga daño.

Para un ser humano cazador recolector un ruido no era —no es, para los pocos que quedan— algo necesariamente estruendoso, podía ser tan solo un sonido fuera de lugar. Imaginemos que volvemos a ese estado, que estamos juntos al anochecer, contándonos historias al calor de una hoguera, comiendo frutos, insectos y algún animalito que hemos tenido la suerte de cazar. ¿Qué ocurriría si, dentro de esa cotidianeidad, escuchásemos el sutil crujir de una rama cercana? Que nos pondríamos en estado de alerta, preparados para enfrentarnos a un posible peligro.

El ruido es un sonido, de volumen alto o no tanto, que perturba y que provoca reacciones que van mucho más allá del sistema auditivo. Al oírlo, nos preparamos para una potencial amenaza y el cuerpo empieza a liberar en la sangre sustancias como la adrenalina, la noradrenalina, la glucosa o el cortisol. Son moléculas y hormonas que aparecen como respuesta a situaciones de estrés, para ayudarnos a gestionarlas, para que estemos atentos, reaccionemos y sobrevivamos.

Hace milenios que no somos cazadores recolectores, hace siglos que en nuestra vida diaria no somos capaces de escuchar el ruido de una rama crujiendo porque lo tapan otros muchos más constantes y con más volumen. Pero nuestro cuerpo funciona de la misma manera que en el Paleolítico y el ruido del que sí estamos rodeados provoca las mismas consecuencias.

El problema está en que la estridente amenaza que percibe nuestro cuerpo constantemente no es tal y, por eso, la agitación sistémica que provoca no la empleamos para actuar y librarnos del presunto riesgo, sino que seguimos a lo nuestro. Y aquello que se liberó tiene que ir a algún lado. La adrenalina y la noradrenalina, a los sistemas nervioso y cardiovascular. La glucosa, al endocrino. El cortisol, al inmune. Como nos enferma el estrés, nos enferma el ruido, que es, por cierto, la fuente de estrés más presente en nuestra actual forma de vida. Una vía para la enfermedad que no tenemos suficientemente en cuenta.

El primer lugar donde nos hace daño el ruido es en el sistema auditivo que lo recibe. Altas presiones sonoras como los 140 decibelios del disparo que se ha mencionado en el capítulo anterior marcan la cifra donde se suele establecer el umbral del dolor. La exposición esporádica a ese tipo de ruidos provoca problemas transitorios, aunque puede causar daños para siempre. Una exposición más frecuente casi garantiza hipoacusia, pérdida de audición permanente.

La presencia constante de volúmenes más bajos también genera problemas. Como el resto de los órganos y sistemas de nuestro cuerpo, el oído tiene su obsolescencia programada. A partir de los cuarenta años, empezamos a padecer dificultades en la percepción de sonidos agudos. Es una forma de envejecimiento que, en el caso del sistema auditivo, se llama presbiacusia. Pero cuanto más lo ponemos al límite, más adelantamos el tiempo de esa decrepitud y ampliamos además la posibilidad de hipoacusia. Los otorrinolaringólogos cada vez reciben más consultas de gente joven que no entiende bien lo que le cuentan sus amigos incluso en ambientes tranquilos. Parece que el uso de auriculares a volumen excesivo está causando estragos.

También son muy frecuentes los casos de hipoacusia en personas expuestas a altas presiones por motivos laborales. Aunque en muchos sectores, como la construcción, hay desde hace años normativas que obligan a la protección de los oídos de los trabajadores, hay otros que se lo toman más a la ligera. La música, por ejemplo. Tanto artistas como técnicos y personal de apoyo y montaje son pacientes habituales de consultas de otorrinolaringología.

El *tinnitus* o acúfeno es otro de los males contemporáneos. Es un ruido, pitido, rugido, zumbido o todo a la vez que mucha gente siente dentro del oído. No está muy clara la causa: pueden ser alteraciones en las estructuras físicas del sistema auditivo, también variaciones en las cervicales, la mandíbula o la musculatura occipital o incluso cambios emocionales. Hay quien oye pitidos suaves y quien los siente por encima del ruido habitual de la vida urbana. Hay quien convive con ellos sin problemas y quien no es capaz de soportarlos. Hay en torno al 15 % de personas en el mundo que sufre o ha sufrido esos acúfenos y un 2 % que sobrelleva como puede casos severos. Hay mucho aún que investigar y conocer sobre este tema, pero parece claro que el ruido es una de las causas y el estrés, causa y efecto.

Ruido y estrés van también de la mano en las enfermedades no auditivas que provocan los sonidos demasiado altos y frecuentes con los que convivimos. El proceso ya se ha explicado, las consecuencias son muchas: molestias, irritabilidad, alteraciones del sueño, problemas cognitivos, vértigo, náuseas…, pero también cambios en la frecuencia cardiaca, aumento de la viscosidad y de la concentración de lípidos y glucosa en sangre que puede acabar en arterioesclerosis y diabetes, enfermedades respiratorias y endocrinas, partos prematuros, mortalidad fetal, enfermedades neurodegenerativas como párkinson, alzhéimer, demencia, esclerosis múltiple, ansiedad, depresión, suicidios…

La Unidad de referencia en Cambio Climático, Salud y Medio Ambiente Urbano del Instituto de Salud Carlos III, con sede en Madrid, lleva años realizando estudios sobre las afecciones a la salud de la contaminación, la del aire y también la acústica. En ellos señalan que el ruido, si no mata de forma directa, sí es un factor precipitante para el fin. Por ejemplo, por cada decibelio que aumenta, sube un 6,5 % la mortalidad en pacientes mayores de sesenta y cinco años con enfermedades respiratorias previas. Lo mismo ocurre con los mayores con enfermedades cardiovasculares. Para los enfermos de diabetes, el aumento de un decibelio provoca un 11 % más de mortalidad.[2]

La relación de ruido y mortandad se entiende muy rápidamente al conocer los datos de una de sus investigaciones. Realizada en Madrid durante la etapa más dura de la pandemia provocada por la COVID-19, de febrero a mayo de 2020, analiza la media de los niveles de contaminación acústica tanto diarios como promediados en catorce días; los ingresos hospitalarios; las admisiones en UCI y la mortalidad asociada a la enfermedad. Y detecta que hay una relación significativa entre las tasas de mortalidad y de incidencia por COVID y los niveles de ruido detectados en las distintas zonas de la ciudad.[3] Claro, si el ruido es un factor estresante que debilita el sistema inmune al provocar el aumento de cortisol en sangre, eso nos hace más vulnerables a las enfermedades, especialmente las infecciosas.

Otra forma de entender el peligro del ruido es hacer eso que nos gusta tanto, ponerle precio. Un estudio realizado en Francia en 2021 estima en más de 147.000 millones de euros anuales sus costes sociales en ese país.[4] Es la suma de los costes sanitarios directos e indirectos, pero también de la pérdida de productividad, bajada de valor de inmuebles y otros. Aunque ya sabemos lo gruesos que pueden ser a veces los cálculos de este tipo de estudios, la estimación supone alrededor del 5 % del PIB de la séptima potencia económica del mundo.

La contaminación atmosférica es la segunda causa de daños para la salud en Europa, según dice la Organización Mundial de la Salud. En su informe de 2019,[5] se establecen una serie de recomendaciones: limitar la exposición al ruido del tráfico rodado a 53 decibelios durante el día y a 45 decibelios por la noche; a 54 y 44 la del tráfico ferroviario; a 45 y 40 la del tráfico aéreo, y a 70 el de las fuentes relacionadas con el ocio. ¿Se cumplen? No.

Al principio, el ruido estaba reservado exclusivamente a la naturaleza: truenos, volcanes, terremotos. Los animales también tenían presencia con sus estampidas y rugidos —la etimología latina de la palabra española «ruido» viene de ahí, *rugire*—. Los primeros humanos, neandertales y *Homo sapiens*, no tenían forma de destacar sobre esos estruendos ocasionales ni con sus gritos ni con sus primitivos instrumentos, tanto de trabajo como de música y oración. Fue a partir del Neolítico que empezamos a sobresalir en asuntos sonoros: con los oficios, las ruedas, los molinos. Hubo quien se dio cuenta de las molestias y trató de frenarlas. Por ejemplo, seiscientos años antes de Cristo, en una colonia griega llamada Síbaris, se hizo un reglamento que prohibía el trabajo de herreros, carpinteros o incluso la posesión de animales escandalosos en algunas zonas. Así de finos eran los sibaritas. También Julio César, que en el 44 a. C. prohibió el paso nocturno de carruajes por las calles de Roma. Pero el ruido, el nuestro, siguió en aumento: en los templos —campanas, órganos, gongs, llamadas a la oración—, en los burgos y las ciudades amuralladas —pavimentos, carromatos, artesanos, mercaderes y celebraciones varias— y en los campos de batalla —la guerra, durante mucho tiempo, ha sido nuestra mayor contribución a la contaminación sonora.

Fue la Revolución Industrial lo que cambió todo a peor en materia de ruido. El siglo XVIII estuvo lleno de inventos muy sonoros y la máquina de vapor fue el origen de muchos de ellos: trenes, barcos, fábricas. En 1882, el físico lord Rayleigh creó el primer aparato capaz de calcular la presión acústica

—aunque no fue hasta 1924 cuando se empezó a medir en decibelios, gracias a una investigación de la empresa de Alexander Graham Bell, que por eso fue homenajeado en el nombre de la nueva medida—. En 1886, el cirujano Thomas Barr realizó un estudio entre los trabajadores de la industria del cobre en Glasgow que mostró una extendida y severa pérdida de audición y pidió medidas urgentes, entre las cuales estaba que los párrocos fuesen afeitados para que los feligreses sordos pudieran leerles los labios y entender sus sermones.[6]

El ruido se extendió por tierra, mar y aire con una coartada que aún hoy sigue siendo válida en nuestras modernas sociedades. El ruido era y es la banda sonora del progreso, del futuro. Aunque no es algo de lo que se ocupase Karl Marx, el ruido de las fábricas representa perfectamente la explotación de recursos y trabajadores por parte de los propietarios de los medios de producción. El ruido, entonces como ahora, es otra forma de dominación y de socialización de los costes de ese progreso entre la clase trabajadora y la naturaleza. Los beneficios —los económicos y los de la calidad de vida— quedan reservados para quien tiene los recursos para encerrarse en mansiones bien insonorizadas o casas de campo alejadas de ese mundanal estruendo.

Gracias al desarrollo tecnológico de la Revolución Industrial, la tranquilidad se quedó como lujo para privilegiados y el ruido siguió su conquista mundial. Con la electricidad llegaron inventos como el teléfono, el fonógrafo y la radio. Los sonidos ya no se escuchaban solo en el lugar donde surgían, sino que se extendieron por el mundo como parte de lo que R. Murray Schafer califica como imperialismo sonoro. Es un hecho que el desarrollo de las tecnologías electroacústicas ha posibilitado que toquemos y seamos tocados a una distancia que ya abarca el planeta y sus alrededores, pero no está de más recordar que uno de los primeros en darse cuenta de las posibilidades del altavoz inventado por el danés Peter Jensen fue Joseph Goebbels, que lo utilizó como efectiva herramienta para su actividad propagandística, lo mismo que la radio. De todos modos, el concepto de imperialismo sonoro va mucho más allá de las anécdotas históricas hitlerianas: tiene que ver con la imposición de un paisaje sonoro íntimamente ligado a un modelo económico y social.

Un paisaje sonoro, por cierto, lo conforman los sonidos que son propios de un lugar, un momento o una actividad. El concepto fue acuñado por un urbanista —Michael Southworth en su libro *The Sonic Environment of Cities*, de 1968— y desarrollado por Schafer. En *El paisaje sonoro y la afinación del mundo* marca dos categorías: el paisaje sonoro de alta fidelidad y el de baja fidelidad.[7] El de alta fidelidad es aquel en el que los sonidos discretos pueden ser percibidos claramente debido al bajo nivel de ruido ambiental. En el de baja fidelidad, las sutilezas están anuladas por la sobreabundancia de sonidos, de ruido. Por eso ya no captamos el crujir de una rama salvo que estemos de acampada en la montaña, lejos del fragor de la vida urbana.

Schafer utiliza esta explicación para mostrar la diferencia entre los ambientes acústicos del campo —alta fidelidad— y de la ciudad —baja fidelidad—. En la naturaleza, no solo escuchamos los sonidos discretos, sino que percibimos sus matices, de dónde vienen, a qué distancia, qué pueden significar. En las urbes, todo eso se pierde en medio de una cacofonía que nos enferma y anula la enorme capacidad de aportar información que tiene nuestro sistema auditivo. Por desgracia, las ciudades son las naves nodrizas del imperialismo sonoro y económico.

«Por eso, en tiempos bien ordenados, la música es tranquila y amena y la gobernación, equilibrada. La música de una era inquieta es agitada y rabiosa, y su Gobierno está trastocado. La música de un Estado decadente es sensiblera y triste, y su Gobierno peligra». La cita es de *El juego de los abalorios*, de Herman Hesse[8] y, si cambiamos la palabra «música» por una no muy lejana a ella, «sonido», nos sirve para entender nuestro tiempo, al que no cuesta mucho calificar, haciendo uso de las opciones que plantea Hesse, de «inquieto». ¿Cuál es la música agitada y rabiosa que nos mantiene en este estado?

La mayor parte de la población mundial vive en ciudades: 4.400 millones de personas, el 56 %, según el Banco Mundial.[9] El dato es engañoso porque retrata la vida aún rural de las regiones más pobres. El porcentaje es mayor en muchos países: Alemania, 78 %; Argentina, 92 %; Australia, 86 %; Brasil, 87 %; Canadá y Colombia, 82 %; China, 63 %; España, Francia y México, 81 %; Estados Unidos, 83 %; Italia, 71 %; Países Bajos, 93 %; Perú, 79 %; Rusia, 75 %.

En todas las ciudades de todos esos países el ambiente sonoro es similar, con los matices legislativos y de costumbres correspondientes. Normalmente, en una urbe, entre el 70 y 80 % del ruido proviene del tráfico, de coches, autobuses y motos. La contaminación acústica provocada por las obras puede estar en torno al 10 %. Hay también ruido proveniente de trenes y aviones, cada vez menos. La parte más pequeña corresponde a las actividades de ocio que, sin embargo, son las que provocan más quejas y denuncias según los juristas especializados en el tema.

El tráfico hace que más del 40 % de la población europea esté expuesta a niveles de ruido diurnos superiores a 55 decibelios y un 20 %, a niveles de 65. Por la noche, más de un 30 % recibe niveles mayores de 55 decibelios. Es la banda sonora de la vida urbana y de muchos de nuestros problemas de salud, pero, por su presencia constante, logra pasar desapercibida.

A partir de una directiva europea de 2002, es obligatorio realizar mapas estratégicos de ruido en grandes ejes aeroportuarios, ferroviarios y viarios, y en aglomeraciones urbanas de más de cien mil habitantes. En España, muchas ciudades los hacen y, a veces, incluso bien. Ninguna actúa en consecuencia con los datos obtenidos. En algunas se está planteando la instalación de radares de ruido. En Francia funcionan en pruebas, en Barcelona hay uno. Uno que está en una carretera y que hasta el momento de escribir este texto no está en disposición de emitir sanciones.

¿Van a solucionar este panorama sonoro los coches eléctricos? La normativa europea obliga a los fabricantes a equipar los vehículos con un sistema de aviso acústico que se active al arrancar y emita un sonido entre los 56 y los 75 decibelios, el máximo también para los coches de combustión interna, a los que hay que añadir los provocados por el rozamiento de los neumáticos con la calzada. Se ha legislado así por motivos de seguridad, porque estamos tan llenos de coches y tan acostumbrados a su ruido que tener circulando por la ciudad un montón de ejemplares silenciosos podría provocar demasiados accidentes. La paradoja posmoderna se completa con el encargo de las marcas de automóviles a compositores de postín como Hans Zimmer, ganador de un Óscar, de la creación del sonido que emiten sus coches. Esto es lo que ha hecho BMW, pero todas están anunciando fichajes similares. El ruido es parte de la experiencia de marca. Por supuesto, también de la marca ciudad.

# Contra la ciudad

En un barrio céntrico de una de las capitales más pobladas de Europa, en una calle con seis carriles dedicados al tráfico continuo de coches, motos y autobuses, en uno de los puntos más ruidosos de la cuarta ciudad más ruidosa del continente, de repente oigo el canto de un mirlo sobresaliendo sobre el estrépito. Es primavera y probablemente sea un macho avisando a su competencia de que su nido ya está ocupado. Los mirlos tienen tendencia a entonar cantos propios, cada individuo de la especie tiene su estilo, pero, además, los mirlos urbanos se han visto obligados a aumentar el volumen de su voz para hacerse oír entre tanto ruido. Es una de las mutaciones que potencia la ciudad en esta especie. Otros machos, en cambio, se quedan mudos. No es el caso de este.

Los mirlos no son los únicos pájaros vecinos de mi barrio en Madrid. Además de palomas y gorriones, especies menos tímidas y por eso muy visibles, se pueden encontrar ejemplares de otras más esquivas como carboneros, jilgueros o incluso halcones. No es fácil, hay que hacer un ejercicio de atención. Identificar aves es siempre una actividad en la que la escucha cuenta tanto o más que la vista. Pero en un entorno urbano requiere un esfuerzo superior. Es como uno de esos juegos de agudeza visual en los que hay que enfocar para ver la figura que se oculta bajo la imagen aparente. O como palpar un objeto pequeño en un cubo lleno de barro y basura.

El paisaje sonoro de la ciudad está lleno de esos desperdicios, es una masa informe de sonidos que no transmiten información relevante y que anulan otros mucho más interesantes como los de los pájaros. Esta baja fidelidad, esta forma estruendosa de ser urbanos, mutila uno de nuestros más poderosos sentidos y capa nuestra relación con otras especies y personas.

«La ciudad es uno de los grandes logros de nuestra civilización». Leo el titular de una entrevista con una urbanista con la voz del mirlo aún resonando en mi cabeza y pienso cómo este arquetipo sigue dominando el discurso de profesionales y legos. La urbanización se propone como única forma de habitar el desarrollo, confrontándola —implícita o explícitamente— con lo rural e incluso con la naturaleza, como si solo con la ciudad tuviéramos bastante para estar vivos.

De hecho, se tiende a hablar de ciudad como si fuese algo homogéneo —yo mismo lo hago en este capítulo— y no una definición a la que se pueden acoger unos quinientos mil lugares en todo el mundo, poblaciones que es imposible que sean la misma cosa. La ciudad es un sistema abierto y complejo que, sin duda, tiene virtudes, pero también muchísimos defectos. Pero, además, ha sido y es origen y reflejo del modelo económico dominante. Y se ha convertido así en un monólogo en el que el ruido lo ponemos nosotros.

El imperialismo sonoro es una de las tramas del imperialismo económico y tecnológico que tiene origen en la ciudad y se extiende hasta el punto más lejano y presuntamente más virgen del planeta. El imperialismo sonoro es un rumor que nace aquí y obliga a mi vecino mirlo a subir la voz, lo mismo que cambia el paisaje y el comportamiento de animales y plantas en las reservas naturales más protegidas y alejadas de lo urbano.

Hay una rama de la ecología que estudia los paisajes sonoros, la relación a través del sonido entre los seres vivos y su entorno. La ecología acústica fue impulsada en los años sesenta del siglo pasado por el ya presentado R. Murray Schafer y su equipo de la Universidad Simon Fraser de Vancouver. Crearon el World Soundscape Project con el objetivo de «encontrar soluciones para un paisaje sonoro ecológicamente equilibrado en el que la relación entre la comunidad humana y su entorno sonoro esté en armonía», y realizaron estudios y grabaciones de campo en Canadá y Europa.[1]

No es una disciplina multitudinaria, pero está llena de personajes interesantes, profesores y catedráticos, músicos, naturalistas y gente curiosa que sale al campo con equipos de grabación para hacer algo que es casi inaudito ahora mismo: escuchar.

Gordon Hempton es uno de esos personajes. Conocido como The Sound Tracker, el rastreador de sonido, ha participado en series, películas y documentales, ha ganado un premio Emmy y ha publicado unos cuantos discos con paisajes sonoros naturales que se pueden encontrar en YouTube y Spotify. En 2005, Hempton estableció cuál era el lugar más silencioso de Estados Unidos —entendiendo silencioso por falto de sonidos antropogénicos—, un espacio de menos de tres centímetros cuadrados en el Olympic National Park. Decidió ponerle nombre, One Square Inch of Silence, una pulgada cuadrada de silencio, montar una fundación y tratar así de protegerlo del ruido. No lo consiguió. Aunque tuvo su momento de gloria y llegó a desviar alguna línea comercial, los aviones acabaron arruinando la tranquilidad y Hempton se embarcó en otro empeño aún más ambicioso: Quiet Parks International.

«La misión de Quiet Parks International es preservar la tranquilidad en beneficio de la vida, no se trata solo de nuestra salud, es también para la vida salvaje», explica.[2] Quiet Parks otorga la calificación de parques tranquilos o silenciosos a zonas en territorios salvajes en Estados Unidos, Canadá, Finlandia, Polonia, Namibia, Filipinas y Ecuador. También hay parques urbanos certificados en Taiwán, el Reino Unido, Bélgica y España: el Parc del Montnegre i el Corredor, a poco más de cincuenta kilómetros de Barcelona.

Para Gordon, «la tranquilidad es un derecho para todo ser humano; nuestro objetivo es llegar a un punto en que la mayoría de la gente en el planeta pueda tener ese silencio y esa tranquilidad como una opción diaria». Es difícil no estar de acuerdo con este propósito y sería chocante que este libro lo estuviese. Sin embargo, el proyecto encierra una contradicción: convertir la tranquilidad de los paisajes sonoros de la naturaleza en una atracción turística puede ser una vía rápida para acabar con ella. Allá donde llevemos la ciudad, llevaremos el ruido.

Los paisajes sonoros naturales no solo ofrecen una escucha en alta fidelidad, sino que aportan beneficios para la salud de sus oyentes. La cultura popular lo viene diciendo desde hace siglos. Es el *locus amoenus* de la literatura bucólica y pastoril europea y el *shinrin-yoku*, la costumbre japonesa de bañarse en el bosque; una actividad, por cierto, que responde a políticas públicas de protección de la naturaleza, pero también de la salud de los ciudadanos. Lo que confirma la evidencia científica, en Japón y en cualquier otra parte, es que los sonidos naturales son sanadores.

«A synthesis of health benefits of natural sounds and their distribution in national Parks» es el nombre de uno de esos estudios.[3] Firmado por académicos de distintos países, se basa en una revisión y metaanálisis de literatura científica en torno al impacto de los distintos tipos de sonidos sobre la salud humana. Las categorías son tres: sonidos geofísicos —viento, lluvia, ríos—, biológicos —animales y plantas— y antropogénicos —los producidos por nuestra actividad—. Según este análisis, el canto de los pájaros produce los más notables efectos en el alivio del estrés. El sonido del agua es el que mejora más nuestro estado de ánimo y aporta los mayores beneficios generales. Los sonidos antropogénicos tienen efectos muy nocivos.

Paradójicamente, el silencio no sale tan bien parado en la investigación. Lo explica Rachel Buxton, una de las autoras del estudio: «Los humanos hemos evolucionado para prestar atención a señales que nos indican peligro o seguridad. Un paisaje sonoro lleno de sonidos naturales es indicador de un ambiente seguro, mientras que otro que no los tiene indica que igual algo no va bien».[4]

Sus palabras hacen referencia a una obra clásica del ecologismo: *La primavera silenciosa*.[5] Publicada en 1962 por la bióloga Rachel Carson para advertir de que el abuso de los pesticidas estaba eliminando poblaciones enteras de aves e insectos y rompiendo el equilibrio del ecosistema, la repercusión que obtuvo consiguió cambiar algunas políticas ambientales, pero no frenar un silenciamiento que ha ido a más. Solo en Norteamérica, tres mil millones de aves han desaparecido desde 1970.[6] El 48 % de las especies de pájaros del mundo está en declive y la pérdida de biodiversidad no para. La amenaza sigue teniendo que ver con los pesticidas y otros vertidos químicos y con las emisiones ambientales. Y con el ruido.

La contaminación acústica afecta a los animales como nos afecta a nosotros —que no somos otra cosa—: aumenta sus niveles de estrés y les roba información sonora que es esencial para su supervivencia. Y también tiene impacto en las plantas, cuya existencia tiene una íntima relación con la de los animales. El ruido rompe la unión de dos palabras, «equilibrio» y «ecosistema», que necesitan ir juntas para preservar otra, «vida».

El origen de ese ruido siempre acaba estando en la ciudad y en la forma de organización social y económica que propone. Hace tres siglos los humanos únicamente usábamos el 5 % de la Tierra para nuestros asuntos. Ahora nos aprovechamos de más del 50 %. Es decir, la mitad del planeta es terreno urbano o terreno rural dedicado a la alimentación de la población, que se concentra en las ciudades. Solo queda un 20 % de espacio seminatural y un 25 % de territorio salvaje. Y ni siquiera, porque hasta allí también llega la contaminación acústica.

Por todo el mundo se van creando parques nacionales, reservas en las que, con distintas limitaciones y niveles de protección, se intenta salvaguardar entornos naturales. Pero casi todas se olvidan del sonido y dejan pasar aparatos de todo tipo. Las avionetas circulan por el Gran Cañón del Colorado para que los turistas podamos hacer fotos, los cargueros y mercantes pasan cerca de reservas marinas para traernos nuestros productos de consumo, los cazas militares sobrevuelan cualquier lugar remoto dejando un estruendo a su paso que tiene consecuencias. La realidad es que la mayoría de las zonas de exclusión aérea existen para guardar espacios puramente humanos, ya sea por intereses estratégicos, militares, económicos o turísticos.

Sí hay normas para preservar del bullicio los espacios naturales. En España, por ejemplo, el artículo 19 del Real Decreto 1180/2018 que desarrolla el reglamento del aire plantea restricciones en parques nacionales, los espacios de la Red Natura 2000 y «el resto de los espacios naturales protegidos», pero solo por debajo de «una altura sobre el terreno que impida el normal uso y disfrute del espacio o produzca alteraciones que repercutan en los objetivos de conservación del espacio».[7] La norma deja abierto el vuelo de aeronaves militares a juicio de esa autoridad. En la guía para establecer esas restricciones se marcan diversas distancias de seguridad para los distintos grupos de especies.[8] Pongo algunos ejemplos: para aves rupícolas y grandes rapaces, 1.500 metros de radio y 1.200 de altura; para mamíferos terrestres, 2.000 y 500; para cetáceos, 400 y 300; para tortugas marinas, 0 y 60.

Por lo que cuentan científicos y ecologistas acústicos como Gordon Hempton, ni la regulación española ni las internacionales están logrando interrumpir el estrépito sobre los espacios naturales. Denuncian que las rutas aéreas pasan sin límite por todas las zonas, terrestres y marítimas —donde también el tráfico de barcos es un sindiós— no protegidas y convierten el planeta y sus cielos en una autopista, extendiendo el ruido de nuestra forma de vida incluso por los lugares que nunca hemos pisado.

Las ciudades están cambiando. Esto es lo que nos venimos diciendo y esto es lo que debo decir en este capítulo para mostrar un atisbo de esperanza que conforme a quienes piensan que el pesimismo es una falta en un ser humano. Profundizaré en esta forma de autoengaño, pero ahora toca pararse en el relato urbano. En la actualidad, hay dos que se confrontan en esa otra forma moderna de ruido que llamamos guerras culturales.

Por un lado, están quienes apuestan por ciudades más amables, con menos humos, menos tráfico, más zonas verdes, más movilidad activa y más vida de proximidad. Por otro, quienes proponen seguir como estamos o incluso ir a más, los que creen que la palabra «libertad» se asocia al uso a discreción del coche, la quema de combustibles fósiles, la construcción y, en general, a echar más leña al fuego. La lógica y la tendencia en políticas públicas, de momento y en Europa, va por la primera opción, algo excepcional desde el fin de la Segunda Guerra Mundial.

El impulso de la sociedad de consumo tras el conflicto bélico ha sido considerado desde entonces como una forma de desarrollo económico, pero también de mantenimiento de la paz y el orden y de extensión de la salud y el bienestar. Esta religión económica ha transformado la fisonomía de las ciudades y la forma de vida de sus habitantes y, en realidad, de todo el planeta. El desarrollo capitalista está íntimamente conectado con la industria automovilística, la construcción de infraestructuras y el mercado inmobiliario. Por eso, desde mediados de los años cincuenta del siglo pasado hasta ahora, las urbes han crecido y se han dispersado, se han llenado de calles, carreteras, autopistas, polígonos industriales, zonas residenciales y centros comerciales y han obviado la protección del espacio público, las áreas naturales y cualquier cosa que no estuviera directamente relacionada con el concepto dominante de rentabilidad.

Durante buena parte de ese proceso, ha habido pocas voces discordantes y aún menos atención a lo que decían. Hay alguna excepción, como la de las familias holandesas que lograron ser escuchadas cuando, a principios de los setenta, se movilizaron para reducir el tráfico de las urbes de los Países Bajos, que estaba causando una escabechina entre los niños. Fueron esas protestas las que catalizaron el cambio de actitud en materia de movilidad del país, que influyó en otros de la zona y que ha convertido el uso de la bici y el compromiso medioambiental en parte de su identidad.

Jane Jacobs está siendo más escuchada después de muerta que en vida, quizá como homenaje al título de su libro más conocido, *Muerte y vida de las grandes ciudades*.[9] Jacobs fue una activista, periodista y urbanista norteamericana que impulsó el pensamiento crítico sobre el desarrollo de las ciudades durante la segunda mitad del siglo pasado. Lo hizo con textos en revistas de arquitectura, libros como el mencionado y manifestaciones para proteger barrios en Nueva York y Toronto de proyectos de regeneración que proponían un progreso basado en infraestructuras automovilísticas que atacaban la salud y la diversidad.

Su influencia es fundamental para entender lo que se ha venido haciendo en las últimas décadas en defensa de las ciudades a escala humana, desde los proyectos del danés Jan Gehl en Copenhague, Londres, Sídney y Nueva York, hasta la propuesta del francocolombiano Carlos Moreno de la ciudad de los quince minutos, que se está desarrollando en París y debatiendo en muchos otros lugares. Jacobs también está presente en las medidas que se toman desde gobiernos nacionales y supranacionales para limitar el tráfico rodado con zonas de bajas emisiones e impulsar los trayectos peatonales y en bici y la recuperación de espacios verdes. Y en el espíritu de fondos como los de la nueva agenda urbana o los Next Generation.

Por cierto, el gran olvidado de todas estas políticas suele ser el ruido. Por ejemplo, en la Ley de Cambio Climático de España, aprobada en mayo de 2021, no hay mención a la contaminación sonora en ninguna de sus cuarenta y cuatro páginas.[10] Pero el problema va más allá de lo acústico y lo circunstancial. El problema es estructural.

Las ciudades nacen como lugares de encuentro y relaciones sociales, también comerciales, pero la economía ha acabado siendo la trama principal en su desarrollo. Hoy, las urbes globales están inmersas en una competición por acaparar recursos humanos y financieros, por crecer. Esta carrera es similar a la que desarrollan las grandes empresas porque está impulsada por los mismos intereses. Y genera traumas similares.

Por ejemplo, la desigualdad. Un desequilibrio que se genera respecto a otras ciudades perdedoras de la competición y, sobre todo, dentro de esas mismas urbes top, en las que cada vez más se percibe la diferencia de clase e ingresos entre quienes están en el equipo del poderío y quienes no. La desigualdad produce muchísimos monstruos, entre los que están la inquietud y la urgencia.

Establecer zonas de bajas emisiones, proteger los espacios verdes, cuidar de la salud de los habitantes de determinadas zonas está muy bien, pero no termina de cambiar realmente cómo funcionan las cosas. Los coches que no entran en esas zonas estarán circulando por otras; el mercado seguirá siendo el argumento dominante; las áreas pacificadas atraerán masas de turistas; la agitación irá a más y el ruido seguirá extendiéndose dentro y fuera de las urbes.

Para enfrentarse a los problemas que genera la urbanización hay que prepararse para observar el elefante en la habitación. Y este no es otro que la habitación misma: el sistema económico sobre el que hemos articulado la vida en las ciudades, la vida en general.

# Contra la economía

*Economía* es la forma de organizar los recursos, la denominación para las actividades de producción, distribución y comercio o la ciencia social que estudia todo eso. «Economía» es, en principio, una palabra neutra a la que no se debería poder atribuir culpa ninguna. Pero la economía hace mucho que dejó de ser una ciencia o un método de gestión para convertirse en principio y fin de nuestra existencia. La economía es la razón de casi todo, el argumento que está por encima de cualquier otra cuestión. Cuando las cosas se ponen complejas, se simplifican en una dicotomía en la que la economía siempre gana. Si hay una pandemia, se plantean decisiones entre economía y salud y se elige lo primero. Si el cambio climático es una amenaza que conlleva la transformación de la economía, se obvia. Si la presión por no caer del tren económico está afectando a nuestra salud mental, qué pena.

La economía, la necesidad de seguir ayudando a Marx —esta vez Groucho— a echar más madera a la locomotora de una forma de vida que hemos elegido creer que es la única posible, es el combustible fundamental para seguir aumentando el ruido, la inquietud y la prisa. Es así porque es la zanahoria que nunca se alcanza; una promesa de que siempre habrá más que, por definición, no se puede cumplir; un reto quimérico incluso para los ricos: ni siquiera tener muchísimo dinero te salva de querer más.

El cerebro humano está diseñado para elaborar relatos y creérselos, es nuestra forma de gestionar la complejidad del universo. Lo explica Will Storr en *La ciencia de contar historias*: «Vivimos nuestras vidas cotidianas como si de una narración se tratara. Nuestro cerebro crea un mundo en el que podamos vivir y lo puebla de aliados y villanos. Torna el caos y la desolación de la realidad en una narrativa sencilla, alentadora, y sitúa en el centro a la estrella —*a mí*, un ser maravilloso en todo su esplendor—, otorgándole una serie de objetivos que se convierten en las tramas de su vida».[1]

Son muchas las historias que nos hemos inventado a lo largo de nuestra existencia como especie, pero hay una principal que nos tiene atrapados a todos en lo mismo. No es la religión, ni la democracia, ni la ley, ni los derechos humanos. Es el dinero el protagonista de buena parte de las tramas principales de cada una de nuestras vidas. Es el dinero —para algunos, necesidad; para otros, codicia— lo que nos tiene en un estado de permanente agitación. Es el dinero lo que produce la aceleración en la que estamos inmersos.

Como especie, nuestro objetivo biológico es el de todas: reproducirnos, sobrevivir. Sin embargo, el relato que nos guía va en dirección contraria. Como diría Lynn Margulis, «el destino inevitable de las especies con exceso de éxito es borrarse a sí mismas». Como añadiría Fredric Jameson, «hoy es más fácil imaginar el fin del mundo que el fin del capitalismo». En realidad, ni siquiera se trata de este sistema; todos los recientes han ido hasta ahora más o menos de lo mismo: de creer que nuestra función es trabajar para producir.

Paul Lafargue ha pasado a la historia por ser el yerno de Karl Marx y como autor de *El derecho a la pereza*, un librito redactado en 1880 que hoy sigue teniendo vigencia. Su párrafo inicial es demoledor: «Una extraña locura se ha apoderado de las clases obreras en los países en que reina la civilización capitalista. Esa locura es responsable de las miserias individuales y sociales que, desde hace dos siglos, torturan a la triste humanidad. Esa locura es el amor al trabajo, la pasión moribunda del trabajo, que llega hasta el agotamiento de las fuerzas vitales del individuo y de su prole».[2]

Con bastante ironía, Lafargue repasa los males provocados por la adicción a la productividad capitalista y cuestiona, de forma implícita, la defensa del *homo faber* por parte de su suegro y, sobre todo, las interpretaciones posteriores del marxismo de los laboriosos países comunistas. En la Unión Soviética no leyeron a Lafargue o lo hicieron solo para perfeccionar su régimen autoritario y triste: «Introducid el trabajo fabril y adiós alegrías, salud y libertad; adiós todo lo que hace bella la vida y digna de ser vivida».

Similar es la tesis que sostiene ciento cuarenta años después James Suzman en un libro llamado *Trabajo*.[3] Lo que este sudafricano argumenta es que tal cosa no dignifica, sino que es la principal fuente de insatisfacción de la humanidad. El antropólogo, que ha convivido durante largos periodos con tribus de cazadores recolectores ju/'hoansi, cree que nos equivocamos quizá para siempre al juntarnos en ciudades y determinar nuestras labores a las demandas de energía que exige esta forma de organización. Suzman aclara que durante la mayor parte de nuestra historia —el 95 %— el trabajo no ha tenido el lugar sagrado que ocupa ahora en nuestra vida. Y cita a otro antropólogo, Marshall Sahlins, para decir algo que es tan simple como revolucionario: «Los deseos pueden satisfacerse con facilidad, bien sea produciendo mucho o deseando poco».

Producto interior bruto (PIB) es una magnitud macroeconómica que, básicamente, mide la producción realizada por personas, empresas y gobiernos y sirve para calcular el tamaño de la economía de un territorio y su posición respecto a otros. Los indicadores de población activa o empleo son también esenciales para observar el presunto progreso de un lugar. Se considera población activa a los habitantes de un país en edad de trabajar que lo están haciendo o están en búsqueda de empleo. Estos dos cálculos, junto a otros como inflación, balanza de pagos, deuda, déficit o prima de riesgo, son los que establecen si una región merece la pena, tanto en la mirada exterior de otras naciones, organismos internacionales o inversores como en la autoestima de sus habitantes. Son valores que demuestran que el relato económico se ha convertido en un sistema que fomenta la competencia y, por eso, la imposibilidad de desear poco.

El darwinismo social impera en este sistema. La supervivencia de los más aptos popularizada por

Herbert Spencer a partir de la teoría evolutiva de Charles Darwin es la base para casi todos nuestros comportamientos y, también, para buena parte de nuestros sufrimientos. Como explica Suzman, da igual que Spencer se refiriese a la capacidad de adaptación de los distintos organismos mediante larguísimos procesos evolutivos en los que la casualidad es muchas veces el factor determinante; el concepto ha servido para justificar guerras —bélicas y comerciales— y carreras de crecimiento hacia lo que parece ninguna parte.

El dinero, el trabajo y la falta de tiempo libre son citados en todos los estudios sobre el tema como tres de las principales fuentes de estrés. La exigencia constante por estar metido en esta concepción única de la economía genera ruido mental, una agitación que dificulta la escucha, la comprensión y la capacidad para procesar información. La «extraña locura» que menciona Lafargue sigue teniéndonos encadenados, aunque hay quien se ha dado cuenta y se está liberando.

La gran dimisión es el nombre de un fenómeno localizado principalmente en Estados Unidos a partir de la pandemia de COVID-19 en 2020. Desde ese momento, los índices de renuncia de trabajadores han crecido de forma notoria: de un 2 % de dimisiones al mes hasta el 9 %.[4] La tendencia demuestra al menos un par de cosas: que mucha gente se ha dado cuenta de que el trabajo no termina de emancipar y que los salarios ni compensan los altos niveles de exigencia ni en muchos casos sirven para asumir la subida de costes de derechos como la vivienda y la salud.

Esto tiene que ver con otro concepto que también se ha empezado a reconocer recientemente: la pobreza laboral. Resulta que nuestro modelo de creencias económicas está basado en un axioma teórico que se demuestra falso en la práctica. Tener un trabajo, incluso fijo y estable, ya no garantiza tener cubiertas las necesidades económicas de una persona o familia. En España, casi el 18 % de la población activa está en esta situación, también a pesar de las últimas subidas del salario mínimo.[5]

Los indicadores de empleo, por tanto, no pueden ser fiables para entender la salud de un lugar. ¿Y el PIB? Pues según la economista más citada de los últimos años, Mariana Mazzucato, es «una medida indiscriminada de "progreso" que termina recompensando la destrucción de la gente y del planeta. La obsesión patológica con el PIB atenta contra lo que más valoramos: la vida».[6]

Mazzucato denuncia que el régimen económico está diseñado para premiar la extracción de valor más que para crearlo, como promete, y pone en tela de juicio el proceso de financiarización en el que estamos inmersos. Hoy, nuestra existencia depende de una suerte de capitalismo ficticio en el que ya ni siquiera importa la contabilidad real de los proyectos empresariales, sino la capacidad para generar brillo y, por tanto, acaparar inversiones. Es un juego de suma cero al que solo pueden ganar unos pocos, los que tienen disponible todo ese dinero que se mueve de un lugar a otro, y en el que el resto no somos más que peones. Todo esto sucede a costa de nuestro esfuerzo y nuestra salud física y mental y gracias a que vivimos con el convencimiento de que lo que estamos haciendo y sufriendo nos hará mejores, más ricos, más libres.

*Bartleby, el escribiente*[7] podría ser el relato más conocido de Herman Melville si no hubiera escrito antes *Moby Dick*. Publicado en 1853 de forma anónima en una revista norteamericana, su protagonista se ha convertido en un personaje icónico de la cultura mundial. Bartleby, un oficinista recién contratado por un abogado de Wall Street, empieza a contestar cualquier solicitud de su jefe con una educada negación: «Preferiría no hacerlo». Incluso cuando es despedido, prefiere no hacerlo y es el abogado quien tiene que irse de sus oficinas. Bartleby permanece firme en su no, se va desvaneciendo y acaba muriendo de hambre, dejando al narrador, que es su jefe, y al lector, que es cualquiera, con la misma cara de pasmo. Bartleby es, desde 1853, un símbolo de la inacción y el mutismo. Y podría ser hoy el ídolo de los que se suman a la gran dimisión.

También podría serlo Henry David Thoreau, el escritor y filósofo estadounidense que, ocho años antes de que Bartleby se diera mus en la ficción, decidió desaparecer en un bosque, habitando una cabaña que construyó con sus manos. De la experiencia de algo más de dos años salieron dos obras que hablan de resistencia y quietud: *Desobediencia civil* y, sobre todo, *Walden*.[8]

Bartleby y Thoreau son símbolos individuales de algo que en su versión colectiva se llama decrecimiento. El concepto explica un paradójicamente cada vez más pequeño movimiento que propone la reducción de la producción y el consumo —y, por tanto, del trabajo— para garantizar la supervivencia del planeta y de quienes lo habitamos.

Digo que este movimiento es cada vez más pequeño porque es el invitado que nadie quiere dejar entrar en la fiesta. Ni economistas a pesar de todo orgánicas como Mazzucato ni organizaciones a las que se acusa de ser de ultraizquierda y casi antisistema se declaran a favor de parar y replantear todo. Sus propuestas más o menos reformistas pasan siempre por seguir adorando el mito del desarrollo y el progreso y obviar la imperiosa necesidad de cambiar.

Aquí está la paradoja y la explica muy bien esta frase que nunca dijo Albert Einstein: «Locura es hacer lo mismo una y otra vez esperando obtener resultados diferentes». Si nos atenemos a informes de organizaciones muy respetadas por el sistema, estamos rematadamente locos. Oxfam señala que tanto la riqueza como la pobreza extremas están aumentando y que, desde 2020, el 1 % más rico ha acaparado dos terceras partes del dinero generando una desigualdad creciente que mata cada año a más de veinte mil personas.[9] Según la Organización para la Cooperación y el Desarrollo Económicos (OCDE), la dependencia a los antidepresivos ha crecido en todo el mundo.[10] Por su parte, el Panel Intergubernamental del Cambio Climático de la ONU (IPCC) afirma que las políticas y acciones actuales están aumentando, no reduciendo, las emisiones y, por tanto, acelerando el problema principal de nuestra sociedad.[11]

La necesidad de parar se explica fenomenalmente con un ejemplo extraído de la pandemia por COVID-19. De acuerdo con los datos que expone el IPCC, las emisiones y, por eso, la economía, deberían estar detenidas de la misma forma que estuvieron en el confinamiento durante los siguientes cincuenta años para tener alguna posibilidad de esquivar el desastre.[12] Por supuesto, no está sucediendo así. No solo no salimos mejores como nos propusimos, sino que lo hicimos más voraces, con más ganas de viajar, consumir y gastar y eso que también salimos, la mayoría, más pobres, más inquietos y más débiles.

Ni siquiera la llegada posterior de una guerra en Europa, de la escasez y encarecimiento de los suministros y de una inflación galopante han podido frenar la tendencia. El crecimiento es una necesidad del modelo y se produce a pesar de que estemos en una permanente crisis que es también existencial y que se tapa con el relativo fulgor de los periodos de calma que se imponen a través de inyecciones de dinero en el sistema.

Señalar todo esto convierte a uno automáticamente en un cenizo. Así ha sido considerado el economista francés Serge Latouche desde que empezó a escribir en libros y todo tipo de publicaciones —incluida una revista francesa de nombre *Silence*— sobre decrecimiento. Y así se trata a Antonio Turiel, el científico español que encabeza aquí el pensamiento colapsista y los estudios sobre el pico del petróleo. A ellos, como a otras voces del asunto —Yayo Herrero, Jorge Riechmann, Carlos Taibo, Dennis y Danna Meadows, Ivan Ilich, Tim Jackson…— se les acalla con ruidosas ovaciones al relato imperante.

A pesar de lo que la sociedad impone, nadie debería ser excluido por pesimista. Creer en el decrecimiento es, simplemente, ser ateo de la fe en el desarrollo, ser crítico con respecto a un modelo que se demuestra fallido. Pesimista también era August Landmesser,[13] el escondido protagonista de una foto de 1936 tomada durante la botadura de un barco militar en Hamburgo que se hizo popular hace una década. En ella se ve a decenas de alemanes con el brazo en alto, haciendo el saludo romano. Landmesser, que había sido miembro del partido nazi hasta un año antes y fue expulsado por casarse con una mujer judía, era un pesimista de manual. Sabía que, si las cosas en Alemania seguían así, se avecinaba un desastre. No se equivocaba.

«El capitalismo equivale a algo así como la infancia y la adolescencia de la humanidad: un periodo en el que hemos crecido y nos hemos desarrollado muy deprisa y bajo el cual nos creíamos invencibles. Pero no, ya no podemos seguir por la misma senda: tenemos que madurar, llegar a un estado estacionario de "no más crecimiento", tenemos que volvernos adultos. Ese es nuestro gran reto: *madurar*». Son palabras escritas por Antonio Turiel en *Petrocalipsis*.[14] Como se ve, se puede ser pesimista pero no desesperanzado. Para decrecer, tenemos que crecer.

Una buena ventana para asomarse a cómo está el panorama del relato económico dominante son las pantallas. YouTube, TikTok, Instagram y otros canales son la vía, en muchos casos por encima de la familia y la escuela, por la que muchos jóvenes y no tan jóvenes van encontrando modelos a seguir, formando su pensamiento y construyendo su ideología. Lo que abunda por allí son historias en primera persona que presumen de productividad, rentabilidad y autoexigencia.

Hombres y mujeres más o menos influyentes replican y estiran el cuento de la cultura del esfuerzo. Presumen de levantarse a las cinco de la mañana para completar extenuantes jornadas de trabajo —y deporte, meditación y ocio—, comparten las ostentosas adquisiciones —casa, coches, ropa— que su frenética actividad les permite comprar, extienden un mensaje que invierte ese eslogan de *La bola de cristal* que ahora suena lejanísimo: hoy es «solo sí puedes, con amigos para qué».

Bruno Latour plantea en el último libro que escribió antes de morir, *¿Dónde estoy?*,[15] la división entre seres autótrofos —los que se proveen por sí mismos de todo lo que necesitan para vivir— y heterótrofos —los que necesitan de otros—. Autótrofos, expresa Latour dejando abiertas algunas dudas, son bacterias, plantas y la Tierra misma —para él es un ser vivo, Gaia—. Heterótrofos somos todos los demás. Lo hace para desmontar desde la raíz biológica los planteamientos individualistas que imperan en nuestra sociedad y que tienen su máximo escaparate en los canales digitales. «Por eso, cada vez que un individuo se presenta como tal y reclama un derecho de propiedad exclusiva sobre un bien, debería darnos risa».

El problema es que el chiste no tiene gracia. No se la hace a quienes siguen a esos representantes del narcisismo económico, que se lo toman todo muy al pie de la letra, ni se la puede hacer a nadie que lo vea con mentalidad crítica. La difusión de estos presuntos ejemplos vivientes de autosuficiencia que tan bien complementan e incluso amplían la fe en la economía neoliberal tiene consecuencias.

Un informe de UNICEF sitúa entre el 15 y el 20 % el porcentaje de adolescentes europeos —de quince a diecinueve años— con algún problema de salud mental, siendo la ansiedad y la depresión las enfermedades en más de la mitad de los casos. El suicidio es, después de los accidentes de tráfico, la segunda causa de muerte entre los jóvenes. Entre los mayores, el panorama no está mucho mejor.[16] De hecho, la salud mental ha entrado en el debate político y hasta la presidenta de la Comisión Europea, Ursula von der Leyen, ha anunciado una estrategia continental para ocuparse de un problema que empieza a considerarse epidemia.[17] Sospecho que es así como se considerará, tiene pinta de que se tratará como un desastre natural sobre el que hacer estudios, informes y derivar fondos para el tratamiento sin ocuparse realmente de unas causas que, en buena medida, tienen que ver con el estrés que produce la forma de hacer economía.

Lo explica Byung-Chul Han en *La sociedad del cansancio*: las enfermedades que definen el panorama patológico de este siglo son «la depresión, el trastorno por déficit de atención por hiperactividad (TDAH), el trastorno límite de personalidad (TLP) o el síndrome de desgaste ocupacional (SDO)»[18]. Todas tienen que ver con el ruido mental y en muchos casos, señala, se pueden relacionar con el exceso de carga de trabajo y rendimiento que conduce a la autoexplotación. «Por falta de sosiego nuestra civilización desemboca en una nueva barbarie. En ninguna época se han cotizado más los activos, es decir, los desasosegados. Cuéntese, por tanto, entre las correcciones necesarias que deben hacérsele al carácter de la humanidad el fortalecimiento en amplia medida del carácter contemplativo».

El desarrollo tecnológico, aceleradísimo por las mismas exigencias productivas, tiene que ver con todo ello, pero no es la causa; es la demanda económica la que imprime estos males a nuestras vidas. Las máquinas solo forman parte del engaño. Llevamos pensando mucho tiempo que la tecnología nos iba a liberar, que nos iba a otorgar más tiempo libre y menos agitación. Incluso Paul Lafargue cerraba su libro en favor de la pereza con un auto de fe futurista: «Aún no han alcanzado a comprender que la máquina es la redentora de la humanidad, la diosa que rescatará al hombre de la *sordidae artes* y del trabajo asalariado, la diosa que le dará ocios y libertad». No ha sido así y no parece que lo vaya a ser.

# Contra la tecnología

Hay un campo en el que el pesimismo sí domina ahora el relato: la ciencia ficción. La utopía que estableció Tomás Moro en el Renacimiento se ha replicado desde entonces en un montón de novelas, series y películas futuristas, desde *La isla*, de Aldous Huxley, hasta *Los Supersónicos*, esa visionaria versión de *Los Picapiedra*. En realidad, durante mucho tiempo, utopía y distopía se han repartido en los argumentos de quienes imaginaban lo que estaba por venir. Había quien nos contaba que las máquinas nos ayudarían a ser mejores y también quien tendía a plantear que nos acabarían oprimiendo. Pero, últimamente, el relato dominante en el género es distópico.

Hoy, pocos son los autores que se atreven a pensar en un mañana mejor, quizá porque ese cuento ya lo monopoliza el dogma de la economía. Escritores como Kim Stanley Robinson o Margaret Atwood plantean realidades posibles asoladas por desastres sociales y ecológicos, y en series como *Black Mirror*, de Charlie Brooker, se proponen unas cuantas reflexiones sobre el lado oscuro de la tecnología. Esta ficción británica angustia a los espectadores porque refleja, a través de los espejos deformantes de sus tramas, algunas de las inquietudes del presente: la omnipresencia de las pantallas, la tiranía del like, la conexión permanente como forma de desconexión de la realidad, la manipulación de la verdad, el tecnooptimismo acrítico, el poder opaco de las grandes corporaciones, el ruido como herramienta de negocio... La vida misma.

Tendemos a pensar que la economía de la atención es algo reciente, que ha surgido con el nacimiento de internet, los teléfonos inteligentes, las aplicaciones y las redes sociales. No es así. La historia de esta industria —que se dedica a hacer negocio de captar la habilidad que consiste en concentrarse en una información que, por lo que sea, consideramos relevante— comienza con la creación de los medios de comunicación y la publicidad.

Desde sus orígenes, los titulares e imágenes llamativas para vender productos milagrosos han sido protagonistas de los anuncios. Las noticias falsas también han formado parte de la forma de hacer periodismo. Se dice que las primeras *fake news* de la historia fueron los seis artículos del *New York Sun* que aseguraban, en 1835, el hallazgo de seres que habitaban la Luna. Un ejemplo bien conocido de desinformación con importantes consecuencias geopolíticas fue la versión que dieron los diarios del magnate William Randolph Hearst del hundimiento del acorazado Maine, acusando del suceso a la armada española y provocando así la declaración de guerra de Estados Unidos contra España en 1898 y la posterior independencia de Cuba. La razón para la trola no fue ni el patriotismo ni el sentido de la justicia del señor Hearst, sino vender más periódicos que la competencia, los diarios de Joseph Pulitzer.

Los profesionales de la publicidad y el periodismo siempre han sabido que, para aumentar las ventas, hay que captar el interés de la gente y que esto se hace generando emociones a través de titulares e imágenes. Los mensajes publicitarios han llamado nuestra atención aludiendo a nuestros deseos —de sexo, de lujo, de cambiar de vida—; los medios de comunicación llevan siglos haciendo caja principalmente a base de malas noticias, es decir, de noticias que nos causan malestar. De un tiempo a esta parte, el deseo ha pasado a ser avidez y el malestar, una mezcla de miedo, angustia e ira. ¿Qué ha sucedido para que este negocio se haya convertido en uno de los argumentos principales de nuestros pensamientos distópicos?

Con el desarrollo de las llamadas tecnologías de la información, la competencia en la industria se ha multiplicado hasta casi el infinito y, con ella, se han depurado muchísimo las técnicas para atrapar nuestra atención. Las agencias de publicidad y las empresas periodísticas se han quedado a rebufo de corporaciones desarrolladas precisamente a partir del diseño y programación de estas técnicas, compañías con una enorme capacidad de financiación, inversión y, por tanto, influencia.

En 2023, cuatro de las cinco empresas más grandes del mundo por valor de mercado tienen que ver con este sector: Apple, Microsoft, Alphabet (Google) y Amazon.[1] WhatsApp tiene más de 2.000 millones de usuarios activos; YouTube, casi 3.000 millones; Instagram, 2.000 y TikTok, más de 1.000 millones.[2] Disney Plus gasta en torno a 30.000 millones de euros en contenido al año; Netflix, unos

16.000 y Amazon Prime Video, alrededor de 10.000 millones.[3]

Estas compañías y las que pretenden ser como ellas cuentan con nutridos equipos de profesionales fenomenalmente bien pagados dedicados a desarrollar herramientas para tenernos pendientes de sus contenidos. Son diseñadores y programadores informáticos, pero también psicólogos, investigadores sociales, antropólogos, periodistas, guionistas… Su objetivo es generar toda la inquietud posible para que no despeguemos la vista de las pantallas. Lo están consiguiendo.

La mitología emprendedora del siglo XXI cuenta que es la californiana Universidad de Stanford la que ha formado a buena parte de los zares tecnológicos más importantes del mundo. Quizá una explicación de su éxito se encuentre en el Stanford Persuasive Technology Lab, el laboratorio de tecnología persuasiva —ahora llamado Behavior Design Lab—[4] fundado en 1998 por B. J. Fogg, un licenciado en Artes y Comunicación. Aunque Fogg en su web presume enseñar a «buenas personas cómo funciona el comportamiento para que puedan crear productos y servicios que beneficien a la gente común en todo el mundo» y ofrece programas para ayudar a reducir el tiempo de uso de pantallas y aparatos digitales en general,[5] este hombre ha dedicado su carrera a investigar la psicología de la conducta y las técnicas para manipularla.

Es la trampa argumental a la UX. El diseño de experiencia de usuario —o UX, por sus siglas en inglés— es la disciplina que, en principio, se ocupa de crear estrategias y elementos que facilitan el uso de productos —digitales, sobre todo, pero no solo— a sus clientes. La realidad es que los sujetos que determinan el trabajo de los expertos en UX —sean o no buenas personas, como pretende Fogg— no son los usuarios, sino los propietarios de las empresas que les pagan. Y lo que quieren estos es aumentar el tiempo de uso y la interacción con sus aplicaciones.

El método para lograrlo no es muy distinto al de las máquinas tragaperras: ofrecer recompensas para aumentar la segregación de dopamina o, más bien, generar comportamientos que por sí mismos activen la necesidad de esa dopamina, haya recompensa o no. Se trata de que entremos a cada rato en una de esas redes o aplicaciones y, por ejemplo, tiremos de la pantalla para abajo —como en las máquinas tragaperras— para actualizar los contenidos en busca del mensaje o foto que nos va a cambiar el día y que, en realidad, nunca llega. Porque, como en la economía en general, en la de la atención la promesa no se debe cumplir nunca. La idea es que hurguemos en esas aplicaciones como hámsteres, obcecados en dar vueltas a la rueda.

La metáfora, muy utilizada también para retratar el círculo vicioso del trabajo, tiene todo el sentido en este caso porque el origen de todas las técnicas de las que presumen B. J. Fogg y otros gurús de la UX viene de los estudios de B. F. Skinner. Este psicólogo norteamericano seguidor de Iván Pávlov fue pionero en los experimentos en torno a la ciencia de la conducta, ensayos con animales, ratones y palomas principalmente, a los que metía en las llamadas cajas de Skinner. El objetivo de estas cámaras de condicionamiento operante era tanto conocer cómo es el comportamiento animal —humanos incluidos— como aprender a manipularlo a través de la generación de hábitos —tirar de una palanca, picotear un disco— y la dosificación de recompensas en forma de comida. Sus investigaciones se convirtieron en recursos que han servido a la industria del juego para enganchar a muchos, trucos que las empresas tecnológicas han perfeccionado para quedarse con la atención de todos.

Diariamente, cada persona del mundo pasa de media tres horas y quince minutos mirando la pantalla de su teléfono inteligente, una acción que repite, también de media, cincuenta y ocho veces al día.[6] Hay más de 3.200 millones de personas que juegan a videojuegos y lo hacen durante ocho horas y media a la semana.[7] El uso medio diario de redes sociales está en dos horas y treinta minutos, el 38 % del tiempo de conexión a internet.[8] El tiempo semanal dedicado a ver contenidos en vídeo está en diecinueve horas.

Bruno Patino hace recuento en su libro *La civilización de la memoria de pez* de toda esta dedicación a las pantallas y señala que nuestros días ya no son de veinticuatro, sino de treinta o más horas.[9] Un montón de minutos cada jornada en los que creemos estar haciendo varias cosas a la vez —comer y ver vídeos de YouTube, estar reunidos y contestar mensajes de WhatsApp, pasear al perro y escuchar un pódcast— sin saber que la neurociencia tiende a negar la capacidad multitarea del cerebro, y señala las consecuencias negativas de pretenderla. La tesis que plantea Patino es que nuestra capacidad de concentración se ha reducido a nueve segundos, un segundo más que los peces, que tanta fama de despistados acarrean. Pero los daños no se quedan aquí.

La sobreestimulación informativa, la ingente y creciente cantidad de contenidos de todo tipo que recibimos en cada momento en que interrumpimos nuestra vida para mirar a una pantalla, está haciendo que no sepamos diferenciar lo superfluo de lo verdaderamente relevante.

El aprovechamiento de este ruido mediático para la difusión de noticias falsas provoca derivas políticas y sociales peligrosas y una muy notoria devaluación de los valores y acuerdos comunes. El miedo a perderse contenidos —*Fear Of Missing Out*, FOMO— genera problemas de sueño, pero también de ansiedad. Y la exigencia de los algoritmos —tanto de atención e interacción como de estética y ética— supone para muchas personas, jóvenes y no tanto, un listón infranqueable que acaba causando trastornos de salud mental.

Las compañías que comercian con todo este ruido conocen estas consecuencias. Como en las organizaciones mafiosas, van saliendo arrepentidos y denunciantes que lo confiesan. Voces como la del que fuera creador de MySpace y presidente de Facebook, Sean Parker: «El proceso que llevó a construir estas aplicaciones era: "¿Cómo consumimos tanto de tu tiempo y de tu atención consciente como sea posible?". Eso quiere decir que necesitamos darte una pequeña dosis de dopamina de vez en cuando, porque a alguien le ha gustado o comentado una foto o ha posteado lo que sea […] Solo Dios sabe qué está haciendo con los cerebros de nuestros hijos». O la de Tristan Harris, alumno de B. J. Fogg y exjefe de producto de Google que ahora intenta domar al monstruo desde una pequeña ONG llamada Center For Humane Technology.[10]

De todos modos, estos exdirectivos no suelen ser muy radicales en sus críticas; normal: los millonarios no son muy amigos de las regulaciones estrictas. Y, sin embargo, una normativa así sería la consecuencia necesaria tras darse a conocer el testimonio de una mujer que no tuvo un alto cargo, pero sí trabajó para compañías como Google, Yelp, Pinterest y Facebook. Frances Haugen es la informante de lo que se llama Archivos de Facebook, unos documentos liberados en 2021 gracias a los que tenemos claro que Meta —propietaria de Facebook, Instagram y WhatsApp, entre otras aplicaciones— ha sabido en todo momento que ha sido en parte responsable de la violencia de revueltas en la India o Myanmar, que ha participado en campañas de manipulación y desinformación política en el Reino Unido, Estados Unidos y otros países y que ha tenido siempre la certeza de que sus mecanismos generan adicción y la exposición constante a sus contenidos acaba creando problemas de autoestima, especialmente en adolescentes. Como dice Marta Peirano, autora de un libro que profundiza en lo explicado en este capítulo —*El enemigo conoce el sistema*—,[11] no es que «el bienestar de los usuarios no sea uno de sus objetivos, es que muchas veces es contrario a sus objetivos».[12]

De hecho, en Estados Unidos ya hay una ola de demandas contra las empresas que están detrás de TikTok, Snapchat, YouTube o Instagram, pero ni estas ni las demás parecen muy dispuestas a cambiar su *modus operandi* porque, sin él, probablemente no podrían existir. Más allá de declaraciones institucionales asegurando que están trabajando para corregir todo lo que se les pida que corrijan, lo que les aporta tranquilidad para seguir siendo como son es la enorme cantidad de dinero que acumulan, tanto para atender las posibles indemnizaciones como, sobre todo, para seguir presionando a través de lobistas con el objetivo de que a ningún legislador en ningún territorio se le ocurra ponerles freno.

Que la tecnología no necesariamente ños beneficia es algo que manifestaron hace muchos años los luditas, miembros de un movimiento social surgido en Europa durante la Revolución Industrial. Los seguidores del pionero y ficticio proletario rebelde Ned Ludd asaltaron, desde 1779 hasta ya bien entrado el siglo XIX, telares, trilladoras y otras máquinas para protestar contra la miseria y explotación que se escondía detrás del brillo del progreso. Ese primer gran advenimiento tecnológico no solo trajo el ruido sonoro y mediático a nuestras sociedades, también supuso el primer gran acelerón en nuestra carrera por alejarnos del ritmo y la lógica de la naturaleza y las labores artesanas. El ludismo lo vio clarísimo, pero no le sirvió para nada; perdidas aquellas batallas de la lucha de clases, su nombre se ha quedado como calificativo despectivo para aquellos chalados que se atreven a cuestionar el discurso monolítico que sitúa a la tecnología como ídolo al que adorar.

No ayudó a reparar el término Ted Kaczynski, el profesor universitario norteamericano más conocido como Unabomber que, desde 1978 hasta 1995, se dedicó a enviar cartas bomba —mató a tres personas— desde su retiro en una cabaña de Montana. Kaczynski redactó un manifiesto, *Industrial Society and Its Future*,[13] en el que denunciaba que, desde la Revolución Industrial, los humanos hemos estado trabajando para las máquinas y no al revés, proponía la vuelta a la naturaleza y predecía un próximo colapso social. El caso fue celebérrimo y, desde su detención y posterior juicio, el calificativo neoludita ha ido relacionado de forma implícita con el sujeto Unabomber y viceversa. Por ejemplo, si has visto los daños que han ido provocando en las ciudades de todo el mundo la aparición de empresas y actividades como las que proponen Airbnb o las cocinas fantasma y te has atrevido a denunciarlo, eres un neoludita, o sea, eres casi un terrorista.

La irrupción de la inteligencia artificial (IA) está resucitando suavemente la rabia contra la máquina. Incluso ha movilizado a gentes nada sospechosas de neoludismo, como Elon Musk, propietario de Tesla, Steve Wozniak, fundador de Apple, y el historiador Yuval Noah Harari, que se han mostrado partidarios de frenar el desarrollo de esta tecnología para repensarla y evitar los riesgos que supone para la humanidad. Pero el avance imparable del progreso pasa por encima de los hombres más ricos del mundo con la misma facilidad que pasó sobre el pobre tejedor Ned Ludd. La IA sigue desarrollándose a toda velocidad, aunque para algunos parezca evidente que, como la Primera Revolución Industrial, viene a traer a nuestras vidas la posibilidad de hacernos trabajadores aún más precarios, ciudadanos mucho más confundidos y peor informados y personas probablemente menos inteligentes y autónomas.

Quizá no haya evidencia científica suficiente para expresar categóricamente que la tecnología nos hace más tontos, pero hay voces muy respetadas que lo plantean. Por ejemplo, la del sociólogo y urbanista Richard Sennett, uno de los pensadores más relevantes de las últimas décadas, que se mete en un debate al respecto consigo mismo y con diversos autores a los que cita en *Construir y habitar. Ética para la ciudad*.[14] Es dentro de un capítulo titulado «Tocqueville en Tecnópolis» —menciona al político francés del XIX por su visión anticipada sobre el individualismo que se cernía sobre las sociedades urbanas—, en el que escribe sobre ciudades inteligentes y donde ya en el primer párrafo empieza planteando la dicotomía: «La ciudad inteligente prescriptiva causa daños mentales, entontece a sus ciudadanos. La ciudad inteligente coordinadora estimula mentalmente a la gente al comprometerla en problemas complejos y en diferencias humanas».

Tampoco Sennett, que ha sido docente de lugares como la London School of Economics o el MIT (Massachusetts Institute of Technology), es sospechoso de ser neoludita o antisistema y, sin embargo, se atreve a articular un pensamiento poderoso en torno a un tipo de tecnología: «El demonio en todo esto es lo que llamamos tecnología *user-friendly*, tecnología amigable con el usuario fácil de usar. Aplaca y crea pasividad». Y cita al psicólogo social Leon Festinger, coetáneo de Skinner, para explicar que los humanos, como otros animales, desarrollamos mejor nuestras capacidades cognitivas enfrentándonos a asuntos complejos. «Cuidamos más las cosas que más nos ha costado comprender».

Festinger, por cierto, es famoso por la teoría de la disonancia cognitiva, que explica cómo cuando a alguien se le presentan argumentos o hechos que contradicen una creencia o comportamiento que tiene arraigado, tiende a elaborar pensamientos que lo justifiquen para reducir esa disonancia y mantener su propia coherencia. Esta muy humana forma de autojustificar ideas y actos tiene que ver con el sesgo de confirmación, ese filtro que nos ayuda a seleccionar solo aquello que nos da la razón y uno de cuyos ejemplos más citados en psicología es el optimismo: la manía recalcitrante de estar convencidos de que nada malo nos puede pasar aunque todas las señales indiquen lo contrario.

«Todo apunta a que, si nada cambia nuestra confianza sin fisuras en la tecnología, que algunos llaman tecnooptimismo pero que es más bien una tecnolatría, acabará siendo nuestra perdición». Adrián Almazán hace en *Técnica y tecnología* un esfuerzo por desmontar, con razones históricas, filosóficas, morales y prácticas, los arquetipos que sostienen el imaginario del progreso.[15] Según la teoría de la disonancia cognitiva, no servirá su esfuerzo —ni el de Sennett ni el de Peirano ni el de nadie— para restar nada de nuestra tecnofé. Aunque sea evidente, como señala Almazán, que la pretensión del «capitalismo tecnológico» de haber dominado la naturaleza lo único que ha logrado es que esta se mueva hacia un estado de equilibrio en el que la vida humana sobra.

De hecho, los propietarios de las grandes empresas tecnológicas, sabedores de que la probabilidad del apocalipsis no es solo una trama de ciencia ficción, están construyendo refugios y buscando la manera de escaparse al espacio para sobrevivirlo. Mientras, nosotros seguimos fieles al mito de la salvación, adorando a la tecnología y a sus profetas con camisetas, vaqueros y zapatillas New Balance. Se diría que esta entrega total y ciega a la fe del progreso nos debería, al menos, hacer más felices y relajados. Pero ni siquiera.

Hemos delegado casi todo a las herramientas tecnológicas, desde guiarnos por la ciudad hasta escribir una carta de amor. Hemos dejado que nos hagan la vida fácil solo para ocupar el tiempo que antes nos quitaba la resolución de los asuntos cotidianos en estar permanentemente conectados a la miríada de contenidos que nos ofrece el mercado, constantemente pendientes de las actualizaciones de las aplicaciones, continuamente interrumpidos por mensajes irrelevantes que nos distraen de lo importante. Enganchados a la inquietud.

# Contra la inquietud

Tenemos entre 6.000 y 60.000 pensamientos al día, según el estudio científico del que quiera uno fiarse.[1] Eso significa que maquinamos entre 4,1 y 41,6 pensamientos al minuto. Si nos quedamos con la cifra baja de la horquilla, son muchos. Si optamos por la mayor, son una barbaridad. Nuestra mente está en constante funcionamiento. Si estamos concentrados en una actividad, ese poderoso procesador que es el cerebro se enfoca en ella. Si no, da igual, la cabeza sigue disparando.

La Universidad de Harvard establece que pasamos cerca del 47 % de nuestro tiempo de vigilia así. Sucede mientras hacemos cualquier cosa que no requiera mucha atención, cuando caminamos, nos duchamos o cocinamos, por ejemplo. Son pensamientos de todo tipo, a veces relacionados unos con otros, a veces no. Es como si las neuronas estuviesen lanzando continuamente fuegos artificiales de una forma casi aleatoria y sin razón, porque sí, porque pueden.

Mantener el cerebro en ese estado de actividad es uno de los trabajos de la red que agrupa un conjunto de regiones de nuestra sesera y a la que se llama red neuronal por defecto. Durante mucho tiempo —y aún hoy sucede—, el estado de ensoñación en que nos mantiene la red por defecto ha estado muy mal considerado: cosa de niños, de vagos o, aún peor, de filósofos. En nuestro afán por idolatrar la productividad, abroncamos a los estudiantes que en mitad de clase se quedan atontados mirando por la ventana y pensando en sus cosas y miramos extrañados y cargados de reproches a quien, en plena hora punta, está en un banco sentado con cara de pasmo. Hacemos mal incluso desde la perspectiva capitalista del tiempo: del vagabundeo mental salen grandes ideas.

Hay un cierto tipo de creatividad que surge de estos estados de deriva en los que dejamos a la mente pensar lo que le dé la gana. La actividad perenne de la red por defecto nos ayuda a esa función creadora y también a desarrollar el lenguaje, entrenar el razonamiento y consolidar la memoria. Esto ocurre porque buena parte de los pensamientos que produce son sobre cosas que nos han pasado o hemos dicho y sobre las que seguimos rumiando, haciendo que evolucionen hasta convertirse en nuestra versión de los hechos, un relato siempre autorreferencial. También dedicamos buena parte de esa actividad a pensar en lo que vendrá, construyendo imágenes de futuros posibles. Este modo de ensoñación es importante en la infancia, puesto que sirve para afianzar la identidad y la autonomía, y empieza a ser peligroso en la adolescencia y la edad adulta.

En cualquier caso, el resultado del trabajo de la red neuronal por defecto es, básicamente, ruido. Hay una parte de ese ruido que nos acaba aportando algo positivo y otra que no tanto. La gran mayoría de la enorme cantidad de pensamientos diarios que nos surgen son negativos. Cuando recordamos las cosas del pasado es para lamentarnos de lo que hicimos mal o, muy probablemente, para acusar a otros de por qué creemos que esas cosas nos hicieron mal. Cuando pensamos en el futuro, también tendemos a tener miedos o, todo lo contrario, deseos. Al ponernos a nosotros todo el rato como protagonistas de esa actividad ensoñadora, y según sea nuestra autoestima, lo que estamos haciendo es maltratarnos o tratarnos demasiado bien. La red neuronal por defecto es azuzadora lo mismo de complejos que de vanidades. También es la malla a través de la que, a partir de la pubertad, vamos filtrando la complejidad del mundo, estableciendo nuestros sesgos de confirmación, consolidando nuestros prejuicios.

La forma en que han ido evolucionando las costumbres sociales, los medios de comunicación, la tecnología y la economía no ayuda. Ahora, enganchados como estamos a las pantallas e incapaces de gestionar siquiera medio minuto de soledad, es más raro que nos quedemos embobados mirando al vacío sentados en un banco, pero la red por defecto sigue funcionando en todos nuestros momentos de distracción y lo hace cargando con todo el equipaje de la contemporaneidad: malas noticias, bulos, polarización, mensajes publicitarios, planes, retos, modelos de comportamiento…

Este runrún mental constante viene de serie con ser humano. No hay forma de eliminarlo y no sería sano hacerlo en caso de que fuera posible. Pero tampoco es sano dejarlo suelto, no tenerlo en cuenta ni conocer, al menos, su existencia. Este tipo de ruido mental es el causante de buena parte de nuestro sufrimiento; una ansiedad que, como ocurre con la amenaza que percibimos del ruido físico con el que convivimos a diario, no responde a problemas reales, sino a los que va elucubrando nuestro cerebro. Como el otro ruido, este es también un generador de estrés innecesario que nos enerva y nos acaba enfermando.

No hay forma de acallar por completo el murmullo, pero sí hay maneras de reducirlo. Se puede lograr potenciando las actividades que requieren concentración, desde jugar al ajedrez a escalar. Y también con algo que quizá sea lo más revolucionario que se puede hacer actualmente: sentarse en silencio a no hacer otra cosa que estar un rato con uno mismo.

«Meditar no sirve para nada».[2] Estas cinco palabras de Shohaku Okumura, un monje budista japonés de una comunidad zen en Bloomington, Indiana, explican la sencillez y la radicalidad de esta práctica. La frase es una de esas verdades que hay que llevar siempre puestas al ejercicio de sentarse a estar con uno mismo, aunque esconda media mentira.

Lo cierto es que la meditación sí tiene beneficios. En *Cerebro y silencio*, el neurocientífico francés Michel Le Van Quyen comparte sus experiencias e investigaciones tras sufrir una parálisis facial y retirarse un tiempo del mundanal y estresante ruido que la provocó.[3] Una de las cosas que descubre, practicando la disciplina zen y profundizando en publicaciones académicas, es que la meditación ayuda a reducir la ansiedad, mejora los síntomas de la depresión e incluso aumenta las defensas del sistema inmunitario. Y cita una investigación de las universidades de Yale y Massachusetts que estudia el cerebro de meditadores expertos —más de diez años de práctica, más de diez horas por semana—. La red neuronal por defecto de estos meditadores tiene una actividad, también cuando no están practicando, muy inferior a la habitual; especialmente en la zona del córtex cingulado posterior, «que desempeña un papel crucial en el sentimiento de sí mismo, pues define una frontera entre el individuo y el resto del mundo». Es decir, que la meditación puede reducir el egocentrismo que potencia la red por defecto.

Nazareth Castellanos, también neurocientífica dedicada a divulgar las bondades de esta práctica, expone en conferencias, cursos y libros como *El espejo del cerebro*[4] que no hace falta ser un monje entrenado para obtener beneficios de la meditación y cita un estudio de la Universidad de Texas que habla de que a los cinco días de practicar ya se aprecian cambios y que estos llegan a ser anatómicos a los dos meses de hacerlo en serio.

En ningún caso, los meditadores logran anular, ni siquiera durante el ejercicio, el jaleo de su mente. En otra investigación que cita Le Van Quyen en su libro, la actividad de la red neuronal por defecto prevalece sobre la de la red ejecutiva —que es la contraria, la que se activa durante la concentración— incluso durante las prácticas meditativas de personas con mucha experiencia. La diferencia es que se dan cuenta y son capaces de retornar a la concentración. Lo que muestran las imágenes del escáner de este estudio es lo que cuentan los proselitistas de sentarse en silencio: meditar es aprender a ver la constante actividad de nuestra mente, observar los pensamientos y contemplar cómo salen despendolados involuntaria e inevitablemente del cerebro y, así, aprender a diferenciarlos de la realidad.

Los maestros de meditación explican que la práctica ayuda, si no a evitar, sí a limitar el sufrimiento. Lo que nos hace sufrir son los pensamientos, los apegos, los anhelos, la avidez, la aversión; esos viajes mentales constantes del pasado al futuro que acarician y/o golpean el ego y que acabamos convirtiendo en emociones y confundiendo con la realidad. Meditar es sentarte a poner el foco en algo concreto, bien en la postura, bien en la respiración, y estar atento para, cada vez que un pensamiento te distrae, volver a ese foco. Una y otra vez, con rigor, con determinación y sin juzgar los pensamientos ni a ti por haberlos dejado escapar (no eres tú, en cualquier caso, es la red por defecto).

La práctica siempre ha sido así de sencilla y, al mismo tiempo, ambiciosa: no ha cambiado desde su origen. No está claro cuándo fue, hay quien asegura que se remonta a cinco mil años antes de Cristo, pero el primer escrito que habla de un entrenamiento de la mente data del 1500 a. C. y viene de la filosofía vedanta en la India. Hay registros de prácticas similares a la meditación seiscientos años antes de Cristo en China, y también aparece en la Torá y en tradiciones cristianas.

Hoy, la ciencia empieza a confirmar no solo que además de simple es efectiva, como ya hemos visto, sino por qué. Anil Seth es profesor de neurociencia cognitiva y computacional de la Universidad de Sussex y está especializado en el estudio de la consciencia. Para que entendamos la complejidad del funcionamiento de nuestro cerebro, suele explicar que nuestra percepción de la realidad se produce como «una alucinación controlada». Según cuenta, la mente trabaja haciendo predicciones de lo que hay ante nosotros para filtrarlo y explicárnoslo para que nos sea útil. Algo similar ocurre con las emociones y los estados de ánimo, que se vinculan a nuestro bienestar presente y futuro y, por tanto, están ligadas a nuestro objetivo primordial: seguir vivos.

En su libro, *La creación del yo*, Seth pone un ejemplo: el miedo que uno siente al encontrarse de repente ante un oso pone en marcha acciones tanto internas como externas para posibilitar la supervivencia (elevar el ritmo cardiaco, dilatar los vasos sanguíneos, correr).[5]

El objetivo de la emoción —en este caso es miedo, pero vale para todas: alegría, tristeza…— es controlar y «predecir las consecuencias de las acciones para mantener las variables esenciales del organismo dentro de sus niveles adecuados». Por eso, si esa percepción es sobre realidades inexistentes, como los pensamientos que vienen del vagabundeo mental y que acabamos confundiendo con certezas, nos provoca sufrimiento y, muy posiblemente y al activar procesos que no requieren de actuación orgánica, enfermedad.

El sacerdote y escritor Pablo d'Ors lo explica desde otro punto de vista, más filosófico y quizá menos complejo: «Ser consciente consiste en contemplar los pensamientos. La consciencia es la unidad consigo mismo. Cuando soy consciente, vuelvo a mi casa; cuando pierdo la consciencia, me alejo, quién sabe adónde. Todos los pensamientos e ideas nos alejan de nosotros mismos. Tú eres lo que queda cuando desaparecen tus pensamientos». Su libro, *Biografía del silencio*, es una entusiasta defensa argumentada y experimentada de la meditación que descansa en centenares de miles de hogares y que contiene auténticos misiles a la línea de flotación de nuestra forma de vida.[6] Por ejemplo: «La verdadera vida está detrás de lo que nosotros llamamos vida: no viajar, no leer, no hablar. Todo eso es casi siempre mejor que su contrario para el descubrimiento de la salud y la paz». O: «Cuesta mucho aceptarlo, pero no hay nada tan pernicioso como un ideal y nada tan liberador como una realidad, sea la que sea».

Lo que expone d'Ors es que nuestra constante búsqueda de experiencias es una forma de evitar la realidad. Que nuestro afán por enjuiciarlo todo anula la oportunidad de transformarnos. Que nuestro gusto por los problemas nos otorga una falsa sensación de ser. Y que, frente a todo eso, está la meditación. «La meditación es una disciplina para acrecentar la confianza. Uno se sienta y ¿qué hace? Confía. La meditación es una práctica de la espera. Pero ¿qué se espera realmente? Nada y todo. Si se esperara algo en concreto, esa espera no tendría valor, pues estaría alentada por el deseo de algo de lo que se carece».

Meditar es aprender a fracasar, a entender que después de las expectativas solo hay frustración. Asumir que «meditar no sirve para nada», como dice Shohaku Okumura, es entender que el utilitarismo es únicamente inquietud y, por eso, peor que inútil.

Pero el ruido lo contamina todo, también esto. El mercado quiere convertir la meditación en un recurso porque engulle hasta lo que le indigesta. Los ejemplos están por todas partes. En YouTube y redes sociales hay centenares de contenidos que proponen sencillos ejercicios que te garantizan ser más productivo y feliz. El nombre elegido para hacer más comercial la meditación es *mindfulness*. Despojado de su raíz tradicional, convenientemente colonizado y empaquetado, el producto funciona tan bien que lo compran en lugares insospechados como el ejército norteamericano, como parte de su iniciativa Comprehensive Soldier Fitness, «entrenamiento integral del soldado»; o el Parlamento británico, que ofrece clases abiertas semanales en Westminster.

En plena pelea contra la intención de sus trabajadores para sindicarse, Amazon lanza un programa de *mindfulness* en sus almacenes al que llama, en un doloroso ejercicio de sarcasmo, AmaZen. Empleados con salarios exiguos y jornadas larguísimas en las que recorren decenas de kilómetros y tienen el tiempo limitado para comer o ir al baño, disponen de pequeños cubículos para «concentrarse en su bienestar mental». Google también ofrece a sus empleados un programa de *mindfulness* llamado Search Inside Yourself para fomentar la concentración en la oficina e incentivar la búsqueda de la rentabilidad.

En las tiendas de aplicaciones de nuestros teléfonos florecen las herramientas que nos prometen ayuda para ejercitar nuestra atención, descansar mejor y reducir el estrés. Headspace, Calm y Aura son las tres principales, pero hay muchísimas. Las estimaciones esperan que este nicho de mercado alcance los seis mil millones de euros de volumen de negocio en 2027. Es nada más que una pequeña porción del sector digital de *fitness* y bienestar —cuyas previsiones para 2027 son de casi 48.000 millones de euros—,[7] pero seguramente es la más perversa.

Buena parte de lo que nos está provocando estrés es la adicción creada a partir del diseño de las aplicaciones. Así que, para quitárnoslo, descargamos y nos registramos en una aplicación que nos asegura que nos va a ayudar. Y que lo va a hacer con los mismos métodos que nos enganchan: notificaciones constantes, correos para recordarte que no debes dejar de usarla, gamificación y todo el catálogo de recursos que los herederos de B. F. Skinner han ido desarrollando para mantenernos inquietos.

De todo ello escribe Ronald Purser en su libro *McMindfulness*.[8] Purser es economista y profesor universitario, pero también conoce en profundidad la meditación: es maestro budista por la orden zen coreana Taego. La denuncia que realiza no es la de un descreído, sino la de alguien consciente de la raíz y la potencia de la práctica meditativa, que observa su banalización y su conversión en producto.

En este modelo de negocio, el *mindfulness* sí sirve para algo: para generar más sufrimiento y hacerlo culpabilizando a la víctima. Como afirma Purser, «el discurso del *mindfulness* se olvida de algo importante: al igual que la mayoría de las enfermedades crónicas y los accidentes laborales, el estrés crónico tiene un contenido social y político». No es, de hecho, tanto un olvido involuntario como una estrategia.

Ron Purser es uno más de la ingente cantidad de autores, desde Erich Fromm a Belén Gopegui, que vienen denunciando el trasfondo de ciertas vías terapéuticas y el perverso crecimiento del mercado de la autoayuda. La clave está en ese prefijo: *auto*. Lo que se pretende es que pensemos que todas las causas de nuestra inquietud están en nuestro interior, que las originamos cada uno de nosotros. Por eso nos debemos ayudar a nosotros mismos —contratando sus servicios, claro—, porque la culpa es solo nuestra, no de las condiciones sociales y económicas.

Sí, tenemos una red neuronal por defecto que nos genera inquietud únicamente por el hecho de existir, pero también tenemos un montón de estímulos exteriores que influyen en los pensamientos que dispara la red y en cualquier otra forma de nuestro descontento. Las condiciones laborales, la precariedad económica, las mil formas de discriminación, las presiones sociales, el bombardeo publicitario, los mensajes electorales, las notificaciones, los avisos, incluso el propio ruido físico, todo es obviado por buena parte de las terapias y guías de autoayuda.

Insisto: no es un olvido, es parte del proceso que nos va desligando de nuestro entorno, haciéndonos cada vez más individualistas y convenciéndonos de que todo está en nuestras manos. Forma parte de lo mismo que otros conceptos que nos rodean y acabamos asumiendo: la cultura del esfuerzo, la meritocracia, la zona de confort. La tecnología al servicio de la economía logra que creamos que somos capaces de estar a la altura si nos dedicamos plenamente a ello y que vayamos despreciando a quienes no logran cumplir con sus exigencias, incluso aunque seamos nosotros mismos. Es como si la vida fuese un tren que va a toda velocidad que, si no podemos alcanzar, nos deja tirados en medio de ninguna parte, en el vacío del fracaso. Tendemos a pensar —nos ayudan a que pensemos— que ese tren no lo pilota nadie, que se mueve de una forma natural porque el progreso es una unidad de destino. No concebimos la existencia de la locomotora y de quienes la guían y eso es tanto una forma de despolitización como una fuente de incremento de nuestra inquietud.

Si yo soy el protagonista de todo, si yo soy capaz de conseguirlo todo, también yo soy responsable de no lograrlo. Si yo sufro, es porque quiero. Si yo tengo ansiedad, es porque no merezco otra cosa. Si yo estoy deprimido, es porque estoy en mi zona de confort. La soledad es un elemento fundamental y necesario para el silencio, pero es una soledad conectada, consciente. La soledad que impone el sistema es una soledad culpable, causa y efecto del ruido que nos rodea. Una soledad que nos confronta a nosotros mismos y a todos los demás, generando rencor, envidia, desprecio y otras formas de veneno vital.

Contra ese individualismo insensible también está la meditación fuera de las aplicaciones. Así lo explica Pablo d'Ors: «Gracias a la meditación he ido descubriendo que no hay yo y mundo, sino que mundo y yo son una misma y única cosa. La consecuencia natural de semejante hallazgo —y no creo que haga falta ser un lince para adivinarlo— es la compasión hacia todo ser viviente […]. El árbol no puede ser cortado impunemente sin pedirle permiso. La tierra no puede ser sacada de un lugar para utilizarla en otro sin pagar algunos precios. Todo lo que haces a los demás seres y a la naturaleza te lo haces a ti».

# Contra el Yo

Buena parte de nuestro pensamiento, el consciente y el inconsciente, da vueltas sobre nosotros mismos. Sobre cada uno de nosotros como seres humanos, pero también sobre nosotros como especie. Quiénes somos, de dónde venimos, adónde vamos, qué nos diferencia del resto de los habitantes de la galaxia, por qué somos tan estupendos. La manía de compararnos y considerarnos mejores que nadie viene de muy lejos. Posiblemente, desde el momento en que empezamos a contarnos cosas alrededor del fuego, historias en las que nos poníamos como protagonistas y al resto lo dejábamos como secundarios o como paisaje. Nos sentimos únicos, excepcionales en este mundo en el que habitamos. No queremos ser animales, aunque lo seamos; no queremos ser naturaleza, pese a que no somos otra cosa. Y para reafirmarnos en esa singularidad, nos inventamos la religión, la filosofía y hasta la ciencia.

Plantea Yuval Noah Harari en su celebrado *Sapiens* que los *Homo sapiens* logramos destacar por encima de nuestros vecinos en la Tierra, otros animales y plantas, no por nuestra habilidad para comunicarnos, que existe en otras especies, sino por la capacidad de generar ficciones que nos permiten «no solo imaginar cosas, sino hacerlo colectivamente».[1] Son estas creencias compartidas las que nos dieron la posibilidad de cooperación hace miles de años, primero en pequeños grupos y comunidades y más tarde entre centenares de millones de personas en todo el mundo a través de credos comunes en el dinero, un dios o un equipo de fútbol. El argumento es sólido y no hay motivo para rebatirlo, pero, viendo en qué estamos empleando esta facultad de cooperar a partir de los relatos compartidos que señala Harari, da para decir, incluso medio en serio, que todo esto lo hemos hecho para poder contarnos unos a otros lo listos que somos.

La consciencia, según Anil Seth, tiene que ver con la capacidad de sentir la subjetividad de las experiencias.[2] Durante casi toda la historia, nos hemos reservado para nosotros los humanos la consideración como únicos seres conscientes en la Tierra, igual que hemos creído que solo había una forma de inteligencia, la nuestra. Parte de culpa la tiene, al menos del siglo XVIII a esta parte, René Descartes, que estableció el término «animal-máquina» para dejar a los no *sapiens* como simples autómatas; esto es, seres vivos sin inteligencia, ni consciencia, ni libre albedrío, aunque, eso sí, con capacidad de sentir.

Hemos progresado un poco en la mirada y nuestra ciencia ya admite la inteligencia en muchas especies. Lo de la consciencia no lo tenemos tan claro. El libro de Seth, *La creación del yo*, explora las teorías en torno a la consciencia humana y también trata de ver qué se ha estudiado en los animales —spoiler: muchísimo menos—. A esta rama tan filosófica de la neurociencia alrededor de la experiencia del yo le queda mucha investigación por delante, pero, incluso desde una mirada tan prudente como la de Seth, su enfoque nos sitúa en un escalón superior. Quizá sea imposible evitar la subjetividad en el intento de entender a los otros, ni siquiera desde el tratamiento científico, pero ¿es inevitable que la superioridad acompañe a esa subjetividad?

Sin duda, para los humanos hasta ahora lo ha sido. Nuestra subjetividad como especie nos ha hecho sentirnos superiores a animales y plantas igual que durante mucho tiempo en muchos grupos humanos la subjetividad de los hombres blancos se ha considerado por encima de las mujeres o las personas de otras razas. Lo chistoso es que esa superioridad —basada en la idea de que poseemos más inteligencia, alma y consciencia que los presuntamente inferiores y, por tanto, disponemos de libre albedrío y buen juicio para gestionarlo— empieza a caer desmontada por la ciencia de la que tan orgullosos estamos.

Se explica sin salir del triángulo que forman tres autores recién citados: Descartes, Harari y Seth. La noción de animales-máquina establecida por Descartes para los animales no humanos sirve para definirlos no solo como incapaces de pensar y de sentir, sino también de elegir. Harari y Seth, recogiendo todo lo investigado por la ciencia materialista, vienen a decir, cada uno a su manera, que nosotros tampoco deberíamos presumir mucho de libre albedrío.

Harari explica en *Homo deus* que sí, que los humanos actuamos impulsados por deseos.[3] Por ejemplo, yo puedo dejar de escribir y levantarme a comer una manzana porque me apetece. Lo mismo que un chimpancé puede parar de despiojar a otro y coger una pieza de fruta de un árbol cercano. O igual que mi perra puede incorporarse y venir a pedirme que deje de escribir y juguemos. La pregunta que lanza el historiador es si mi perra, el chimpancé y yo podemos elegir nuestros deseos. «Yo no elijo mis deseos —responde más adelante—. Solo los siento y actúo en consecuencia». Harari también se cuestiona sobre las decisiones tomadas no por impulso sino tras largas reflexiones: «¿Qué hace que me embarque en un tren de razonamientos o en otro?».

Anil Seth empieza por aclarar lo que no es el libre albedrío: «Una intervención en el flujo de los sucesos físicos en el universo (o, para ser más concretos, en nuestro cerebro) que hace que ocurran cosas que, de otro modo, no ocurrirían». Dicho esto, Seth descarta la existencia del libre albedrío que llama «espectral» y se centra en el libre albedrío como experiencia perceptiva. «¿Es el libre albedrío una ilusión?», se pregunta. Su respuesta es: «Depende».

Para explicarlo plantea el concepto, extraído de la ingeniería y las matemáticas, de «grados de libertad» de un sistema, que se explica como las diversas formas de dar respuesta a un problema, y dice que, aunque nuestra percepción de la voluntad no deja de ser una forma de «alucinación controlada», «cada uno de nosotros posee una capacidad muy real de ejecutar e inhibir acciones voluntarias merced a la facultad de nuestro cerebro para controlar nuestros múltiples grados de libertad». Seth termina aclarando que esta facultad probablemente no sea exclusiva de los humanos, que quizá tenga distintos grados en distintos seres vivos. Dicho lo cual, hay que volver a la cuestión planteada unos párrafos atrás: ¿de dónde sale nuestro afán por sentirnos superiores?

*Ego* en latín significa «yo». La definición freudiana habla de la instancia psíquica que reconoce ese yo y media entre las pulsiones —el ello—, el superyó, que es la instancia enjuiciadora y moralizante, y la realidad. Sin embargo, el uso que ha ido adquiriendo la palabra con el tiempo es otro. El diccionario de la lengua de la Real Academia Española da dos definiciones: la primera tiene que ver con la de Freud; la segunda es más corta y concreta: «Exceso de autoestima».

El trayecto que ha hecho el concepto, del simple yo al yo orgulloso de serlo, retrata nuestra evolución social y cultural y también lo que nos distancia del resto de los habitantes vivos del planeta. Más allá del relato —y asumiendo que la consciencia existe en otros animales y quién sabe si en las plantas, puede que de una forma distinta que igual no estamos capacitados para comprender—, el ego es también nuestro hecho diferencial. Los otros seres vivos del planeta pueden tener inteligencia y consciencia, pero seguro que no se lo tienen tan creído como los humanos.

Esta distorsión del yo es ruido, un jaleo que nos confunde y nos impide ver y sentir las cosas como son y, así, nos aleja de ellas. El yo orgulloso de serlo existe gracias a la incesante actividad de la red neuronal por defecto, ese Pepito Grillo a través del cual nuestra cabeza nos habla todo el rato poniéndonos siempre en el centro de la narración. Como hemos visto en el capítulo anterior al hablar de la red por defecto, el ego es necesario y, en cualquier caso, inevitable: la actividad cerebral fundamentalmente autorreferencial de la red no se detiene ni en pleno ejercicio meditativo de un monje zen con años de experiencia.

La disolución del ego es algo que sí dicen haber logrado las personas que han vivido experiencias cercanas a la muerte o viajes psicodélicos. De ambas cosas escribe Michael Pollan en *Cómo cambiar tu mente*.[4] En el libro, el autor, ajeno al uso de enteógenos hasta empezar a investigar para escribirlo, profundiza en los estudios científicos a partir de drogas psicodélicas —y también en su uso para facilitar la comprensión del momento de las personas que se acercan a su propia muerte—, habla con médicos, académicos y psiconautas y acaba él mismo por probarlas. Y coinciden todos —los estudios, los testimonios y su vivencia— en lo mismo: esos dos viajes, el psicodélico y el último, pasan por la anulación del yo y la fusión con el todo. «El ego —escribe Pollan— quiere reservar para sí mismo los dones de la subjetividad. Por eso no ve que hay todo un mundo de almas y espíritus ahí fuera, con lo cual me refiero tan solo a las subjetividades distintas de la propia. Solo cuando la psilocibina acalló la voz de mi ego conseguí sentir que las plantas de mi jardín también tenían espíritu».

Pollan menciona, entre muchos otros estudios con drogas psicodélicas, uno que también aparece en el libro de Anil Seth sobre la consciencia. Dirigido por Robin Carhart-Harris, del Imperial College en Londres, en 2012, viene a demostrar la correlación entre ingesta de este tipo de sustancias —LSD y psilocibina, en el caso de este experimento, pero también DMT y mescalina— y el descenso de la actividad de la red neuronal por defecto. «Cuanto más pronunciada era la caída del flujo sanguíneo y el consumo de oxígeno de la red neuronal por defecto, más probable era que el voluntario informara de una pérdida de la sensación del yo».

No está este libro animando a nadie a morirse para rebajar el bullicio provocado por nuestra vanidosa cabeza, tampoco a estar colocado de psicodélicos, al menos no permanentemente ni con tanta intensidad. En todo caso, se trata de reconocer otra forma de ebriedad. Porque ese runrún que nos produce el ego puede llegar a ser un proceso de confusión y aturdimiento similar al punto que da una copa de vino. El problema es que parece que nos estamos pasando con la dosis y nos hemos ido emborrachando hasta que hemos convertido el ego en una patología. Es como si hubiésemos añadido a esa copa de vino, una botella más y un gramo de cocaína. Estamos colocados en la era del narcisismo.

El narcisismo es un asunto complejo. La palabra se confunde a veces con vanidad o engreimiento, pero en realidad define un rasgo de personalidad que puede llegar a ser trastorno y provocar comportamientos violentos, abusos, adicciones, depresión o anorexia. Los manuales de psicología aseguran que hay un narcisismo funcional que puede ser incluso positivo —para la reproducción, para la creación artística— y que luego está el patológico. Algunos de los criterios clínicos para su diagnóstico, según el *Diagnostic and Statistical Manual of Mental Disorders (DSM-5)*, son: sobreestimación de uno mismo, necesidad de adulación, falta de empatía, explotación de los demás, arrogancia extrema, envidia…[5]

La estadística dice que solo entre el 1 y el 6 % de la población se podría reconocer en la lectura de estas características —en realidad, el auténtico narcisista no se reconocería jamás como tal—, pero no es difícil ver muchos de esos rasgos en el comportamiento general de la sociedad. Ya en 1979 lo denunciaba Christopher Lasch, sociólogo estadounidense crítico con la forma en que el capitalismo estaba desestructurando entonces los lazos comunitarios —especialmente, en su opinión, los familiares—, también a través de la creciente oferta de terapias psicológicas que no hacía otra cosa que engordar el trastorno del yo. En *La cultura del narcicismo*, Lasch habla de una humanidad patológicamente pagada de sí misma, una sociedad narcisista en dos sentidos.[6] Por un lado, porque los individuos con dicha personalidad tienen cada vez más relevancia y repercusión: celebridades, gente guapa, famosos. Por otra parte, dice Lasch, se refuerzan los rasgos narcisistas de cada individuo a partir de la infantilización que se realiza a través de mensajes comerciales y procesos burocráticos.

Han pasado más de cuarenta años desde ese retrato y duele leer y reconocer los aspectos que señala y, sobre todo, pensar en la manera en que se han acelerado y exagerado. Escribe Lasch sobre cómo «el terror irracional a la vejez y la muerte está íntimamente vinculado con el surgimiento de la personalidad narcisista como tipo de estructura de personalidad en la sociedad contemporánea». Sobre la constante necesidad de validación de adoración: «Para el narcisista, el mundo es un espejo». Y, también, sobre cómo «los medios confieren sustancia a los sueños narcisistas de fama y gloria, y de ese modo los potencian, alientan al hombre común a identificarse con las estrellas y odiar el "rebaño", y hacen que le sea cada vez más difícil aceptar lo trivial de la existencia diaria». Cita además a Susan Sontag y su libro *Sobre la fotografía*, en el que la estadounidense —que advierte de varios usos narcisistas de la cámara de fotos, entre los que está la vigilancia de uno mismo— escribe: «La realidad ha comenzado a parecerse cada vez más a lo que se nos muestra por las cámaras».[7]

Como digo, es difícil no asociar todo esto con el mundo en que vivimos y no ser pesimista. Influencers, filtros fotográficos, likes, *reality shows*, transhumanismo, selfis, cirugía estética… La modernidad hoy es una celebración narcisista en la que el que se puede llegar a sentir trastornado es quien está en silencio tratando de soportar la constante exaltación del yo. Lo normal ahora es patológico y lo raro es ser capaz de abstraerse de todo esto y mantener una relación sana con uno mismo y el entorno. Lo excepcional es estar callado, escuchar a los demás, no hablar siempre en primera persona.

El mundo de hoy se asemeja a un yo gigante formado por miles de millones de yoes pequeñitos, casi uno por cada habitante humano de la Tierra. Esta era del narcisismo es también la del POV. El acrónimo formado por las palabras inglesas *Point Of View* —«punto de vista»— sirve para explicar las distintas posibilidades de enfocar una narración, aunque se ha quedado casi exclusivamente para definir las subjetivas. La autoficción lleva décadas siendo uno de los géneros literarios más frecuentados. El plano subjetivo se ha convertido en un género transversal en el porno. Y en los videojuegos, ese POV es también una de las perspectivas más usuales en la oferta, sobre todo en la que trata de aventuras y disparos. También en las redes sociales es uno de los *hashtags* más habituales, aunque prácticamente todo en ellas es exaltación de la subjetividad.

El POV manda incluso más allá de la industria del entretenimiento. El POV se ha convertido en nuestra limitada forma de mirar y movernos por la vida. Lo explica de forma muy gráfica Simon Garfield al narrar en su libro *En el mapa* la historia de esta herramienta.[8] Los mapas, que empezaron como un ejercicio casi de aproximación, imaginación y fantasía, con geografías de trazo grueso y monstruos y dragones para delimitar las tierras incógnitas, han acompañado al ser humano en su afán explorador y de conquista. Incluso hay quien se pregunta —Richard Dawkins, según explica Garfield— si han contribuido a estimular la expansión de nuestro cerebro. Lo que es seguro es que no lo están haciendo ahora. Lo que ha ocurrido y ocurre con los mapas es un ejemplo muy comprensible de lo que explica Richard Sennett sobre la tecnología *user-friendly*: durante buena parte de su desarrollo, las cartas, planos y cartografías nos han ayudado a conocer, entender y dimensionar el mundo. Ya no sucede así, sino todo lo contrario.

«Ahora es posible viajar cientos de kilómetros —hasta el otro extremo del país, quizá, o del continente— sin tener la más mínima idea de lo que hay justo al lado. Una victoria para la navegación por satélite; una pérdida para la geografía, la historia, la navegación, los mapas, la comunicación humana y la sensación de estar conectados con el mundo que nos rodea». Se refiere Simon Garfield en esta cita a los GPS, los mapas de Google, Waze y demás, y habla de cómo, mirándolos y siguiéndolos, estamos solos en el centro de nuestros respectivos mundos cartográficos y estimulados por hitos que responden, fundamentalmente, a ofertas comerciales: un restaurante para comer, una tienda para comprar, una atracción turística que visitar. Perdemos así el sentido de la orientación y parte de nuestra inteligencia espacial y permanecemos desconectados no ya del resto del mapa, sino de la realidad que este cartografía. Es como vamos por la vida, con el cuello dolorido de tanto mirar el móvil, cercando nuestra vista de las cosas que pasan y facilitando el embudo de conversión comercial que hay detrás de cualquier comunicación digital. ¿Es posible desde ese aislamiento entender al otro?

La polarización no es un proceso que suceda solo porque hay corrientes y líderes políticos que gritan muy alto y dicen cosas muy radicales que nos asustan y nos entierran en trincheras ideológicas. La polarización existe también por la incomunicación que acompaña al narcisismo. La necesidad de adulación anula la capacidad para aceptar no ya las críticas, sino las opiniones divergentes. El yo cebado excluye a los demás, a todo lo demás.

Para entender todo esto hay que volver a señalar a la economía. Eudald Espluga profundiza en el concepto de neoliberalismo, que como él mismo dice está dado de sí de tanto usarlo, y lo define de dos maneras. Como la ideología que propone la desregulación de los mercados, pero también como «un fenómeno paralelo que tiene que ver con el intento de moldear toda organización social —individual o colectiva— bajo la forma de empresa».[9] Lo que dice Espluga en *No seas tú mismo* es que la exaltación del yo es también una imposición económica por la que todos nos convertimos en una suerte de emprendedores y por eso estamos constantemente exhibiendo nuestros resultados: lo que comemos y dónde lo comemos, los lugares a los que viajamos, los conciertos a los que asistimos, las salidas a correr, el peso que levantamos en el gimnasio, los cambios de trabajo, los despidos, incluso las muertes de familiares y amigos son momentos para publicitarse.

Cualquier pequeño hito en nuestra biografía lo tratamos como una forma de capital y analizamos la manera en que podemos compartirlo para completar nuestra marca personal. Claro, si somos una empresa, si somos una *start up* viviente, como dice Espluga, ¿cómo no vamos a tener una marca? Y ¿qué es lo que hace una marca?

Las marcas existen para diferenciar productos y

ayudar a venderlos. Para hacerlo, las empresas las crean y se inventan unos valores y atributos en torno a ellas, realizan una estrategia de marketing y comunicación, hacen un plan de acciones y de inversión publicitaria, todo para tratar de quitarle terreno a otras.

Si somos personas marca, nuestra competencia son otras personas. Por eso nos dedicamos a hablar de nosotros mismos todo el rato, para ocupar el espacio que creemos merecer, para que nos hagan caso, nos den likes, nos contraten, lean nuestros textos, compren nuestros libros, vean nuestros programas. Si somos personas marca, tenemos que crear constantemente contenido para estar en todo momento en las pantallas de no se sabe quién porque el resto también son personas marca que crean constantemente contenido y aquí empieza a haber falta de público para tanto mensaje.

Así, con todo el ruido que emitimos y que nos emiten, es imposible observar, escuchar, empatizar. Y nos vamos encerrando en nuestro ensimismamiento, consolidando nuestro cabreo sordo que tratamos de ocultar para seguir mostrándonos simpáticos en nuestros contenidos y canales por eso de mejorar el rendimiento de nuestra marca personal.

# Contra la simpatía

La gente que calla es rara, está triste o es misteriosa. Los silencios son violentos o atronadores. El vacío verbal está mal considerado, es casi una forma de mala educación. Si estamos con alguien y no vamos a hablar, nos vemos obligados a pedir disculpas, incluso a inventar una excusa. Da igual, porque ese silencio será siempre interrumpido, normalmente por una frase banal. Cuando estamos silentes parece que estamos atacando al que no quiere dejar de hablar. No se considera, al contrario, que quien habla constantemente esté agrediendo al que quiere estar mudo. El charloteo es simpatía. El silencio es antipático.

No ha sido así siempre ni es así en todos lados. No está igual considerado el silencio en Oriente o en una región rural del norte —de España, de Europa— que en un entorno urbano. Tampoco la exigencia de cháchara era la misma hace doscientos años que ahora. Hay factores culturales y sociales en la evolución del grado de apreciación del mutismo, pero hoy domina la incomprensión. Y, también, el rechazo ante una manera de estar en el mundo que, en muchos casos, forma parte de un rasgo de personalidad.

En 1921, Carl Jung publicó un libro llamado *Tipos psicológicos* en el que proponía una clasificación de las personas según cuatro funciones y dos actitudes psicológicas.[1] En su obra dividió las funciones en racionales —pensar, sentir— e irracionales —percibir, intuir—. Las actitudes eran introversión y extraversión. Los ocho tipos le salían al psicólogo y psiquiatra suizo de combinar actitudes y funciones: pensamiento-introvertido, pensamiento-extravertido, sentimental-introvertido, sentimental-extravertido y así. Para Jung, los extrovertidos viven conectados a la gente, al exterior; y los introvertidos están pendientes de su interior, metidos en su pensamiento.

Carl Jung no fue el primero en tratar las tipologías del temperamento humano. Antes lo había hecho Hipócrates, con la teoría de los cuatro humores, según la cual nuestro carácter es la expresión de la dominancia de alguno de los cuatro fluidos básicos: flema, sangre, bilis negra y bilis amarilla. El exceso de flema se asociaba con el comportamiento reservado —de ahí lo de ser flemático— y el de bilis negra, con la melancolía. Mucha sangre se relacionaba con el entusiasmo y mucha bilis amarilla, con la cólera. Sin mencionarlos, estaba rondando los conceptos de introversión y extroversión igual que luego hicieron Aristóteles, Schopenhauer y muchos otros en distintos escritos. Se ve que desde el principio de los tiempos algunos se han ido dando cuenta de que no todos reaccionamos y necesitamos de la misma manera los estímulos externos e internos. Pero fue Jung quien puso nombre a las tipologías y quien lanzó la siguiente advertencia: «No existen los extrovertidos ni los introvertidos puros. De darse alguno sería en un sanatorio para lunáticos».

Efectivamente, en las pruebas de personalidad la mayoría de la gente resulta estar en la parte central y son pocas las personas que se acercan a los extremos. Y también uno puede tener una personalidad de un tipo, pero ir aprendiendo recursos del otro, es decir, que no son rasgos rígidos e inamovibles incluso a pesar de ser, según indican buena parte de los estudios científicos dedicados al tema, herencia genética.

Los actuales métodos de investigación del comportamiento del cerebro confirman las intuiciones y reflexiones manifestadas por Jung y señalan que la sensibilidad de introvertidos y extrovertidos es distinta. El cerebro de los primeros cuenta, de serie, con una elevada actividad y por eso cualquier estímulo exterior puede acabar siendo agotador. Los segundos tienen menos carga eléctrica y encuentran la estimulación en el jaleo y la actividad frenética. Según dicen algunos investigadores, también poseen condiciones que potencian la búsqueda de estímulos generadores de dopamina. Por eso los introvertidos disfrutan de la tranquilidad, la observación, la introspección y las conversaciones relajadas y profundas, y los extrovertidos son más de fiestas, velocidad, vértigo y hablar por hablar.

Como digo, como dijo Jung, como dice la ciencia, ni son categorías opuestas que dividen en dos mitades a la población ni son tipos rígidos cuyas características no se pueden traspasar. Y, sin embargo, como en tantas otras cosas, las hemos convertido en un asunto binario y, por tanto, en una lucha en la que tiene que haber una dominante. Buscas sinónimos de *extrovertido* y encuentras «sociable», «abierto», «comunicativo». Buscas sinónimos de *introvertido* y te topas con palabras como «hosco», «huraño», «mohíno» o «misántropo». Buscas imágenes relativas a extroversión y ves a gente contenta, que sonríe, baila y parece triunfar. Buscas las del tipo contrario y ves personas taciturnas con los brazos sobre la cabeza en señal de desánimo. No, no hay que convertir las tipologías que Jung observó y nombró para entendernos mejor unos a otros en una forma de separar y señalar a los que no son como nos gustaría, pero, por si acaso, que quede claro que si eres alguien serio, observador y callado, eres un perdedor.

«El ser modélico es un individuo social y dominante que se encuentra como pez en el agua siendo el objeto de todas las miradas».[2] Lo escribe Susan Cain en su libro *El poder de los introvertidos*, un best seller que denuncia la posición de inferioridad en la que se encuentran las personas con este rasgo de personalidad bien marcado. Ella es abogada de carrera y trabajó durante años en firmas de Wall Street. Y es introvertida. Y fue al darse cuenta de cómo las características de su personalidad podían ser de provecho profesional para sus compañeros y otras personas cuando decidió ponerse a investigar sobre el tema.

Cain señala que el mundo está diseñado cada vez más para el triunfo de los charlatanes. «A los habladores, por ejemplo, se les considera más listos, más agraciados, más interesantes y más deseables en calidad de amigos». Habla de cómo, en la educación familiar y también en la escolar, «la actitud callada» ha sido y es inaceptable. Explica cómo los procesos de selección de todo tipo de organizaciones favorecen a la gente que es para fuera. Y cuenta que nuestras formas de organización y comunicación, de los colegios a las empresas pasando por las iglesias, están dominadas por lo que llama nuevo pensamiento de grupo, que «insiste en que la creatividad y el logro intelectual florecen en un entorno sociable», y el mito del liderazgo carismático, el relato imperante de que la extroversión «no solo nos hace más prósperos, sino que nos convierte en mejores personas».

Cain realiza una crítica consistente, basada en sus propias experiencias y en un montón de entrevistas y documentación, pero no puede evitar caer en lo que denuncia. En su libro, como en sus conferencias, subyace un mensaje permanente, una especie de si-quieres-puedes que apuesta a que, por muy introvertido que seas, puedes ser importante, cambiar el mundo: como Rosa Parks y Gandhi o como Bill Gates y Barack Obama. Puedes hacerlo conociéndote mejor y aprovechando los recursos de tu personalidad, pero sometido y adaptándote constantemente a las exigencias de una sociedad y una economía diseñadas para interrumpir todo el rato y exigirte que aspires siempre a la felicidad.

La felicidad es hoy el equivalente al Santo Grial de las leyendas artúricas. Todos los caminos de nuestra forma de comportamiento deben llevar a la felicidad. Si nos levantamos a las cinco de la mañana y seguimos rígidas rutinas para ser más productivos y eficientes, es porque creemos que así vamos a ser más felices. Si, por el contrario, somos de esos emprendedores que solo dedican un par de horas al día a invertir en bolsa o en criptomonedas y el resto del tiempo lo pasan viviendo la vida, es porque creemos que así vamos a ser más felices. Si pasamos el día seleccionando o desechando perfiles en Tinder, es porque creemos que así vamos a ser más felices. Si nos apuntamos a clases de yoga o usamos una aplicación de meditación, es porque creemos que así vamos a ser más felices. Si cada dos meses nos lesionamos las lumbares tratando de levantar el doble de nuestra masa corporal en un ejercicio de peso muerto, es porque creemos que así vamos a ser más felices. Si nos mudamos a un piso más grande, con piscina y dos plazas de aparcamiento a treinta kilómetros de donde tenemos nuestra vida social y laboral, es porque creemos que así vamos a ser más felices. Si sufrimos todo lo que sufrimos para llevar la vida que nos dicen que tenemos que llevar, es porque, en algún momento, seguro que es así, no nos cabe ninguna duda, seremos un poco felices.

El relato económico está basado en la promesa de que siempre habrá más, de que, cualquiera que sea nuestro deseo, el mercado nos ofrece una o varias maneras de satisfacerlo. El mercado, de hecho, se ocupa de todo. Para empezar, es el que diseña y produce la mayor parte de los deseos. Pero, además, se encarga de crear un argumentario convincente para que la búsqueda y el gasto que suponen esos deseos nos satisfagan. La felicidad forma parte casi siempre de ese argumento, bien como razón principal, bien como motivo subtextual. La felicidad es una emoción con mejor consideración que la codicia, el ansia o la gula y por eso sirve como imaginario ideal para teñir y hacernos atractivos los anhelos. Porque nos resultamos más majos a nosotros mismos creyendo que perseguimos ser felices que simplemente deseando más dinero o más sexo. La felicidad, por este motivo, es esencial en el trabajo creativo de la publicidad y está presente desde su origen, casi siempre mostrando personas alegres, sonrientes y desenfadadas. La felicidad es la chispa de la vida de Coca Cola, el «Me gusta conducir» de BMW, el «Whassup» de Budweiser y la campaña para la belleza real de Dove.

Ahora que cada uno de nosotros somos personas marca, la felicidad también forma parte esencial de los contenidos que emitimos. La felicidad está en nuestros pies en la arena de la playa fotografiados en POV, la felicidad es el vídeo movido del concierto de moda, la felicidad son los retratos de cada uno de los ocho platos del menú degustación del restaurante con estrella, la felicidad es la imagen de la perra entrando por primera vez en el mar. Estamos en búsqueda continua del Santo Grial y tenemos que transmitir, aunque sea por capítulos fragmentados y desordenados, nuestros éxitos. Todo esto forma parte del modelo dominante en el que solo se puede ser simpático. No conviene mostrarse melancólico ni mucho menos fracasado.

Hay un montón de libros, textos académicos y periodísticos, documentales y testimonios que critican el concepto de felicidad y su persistente búsqueda. Pero son muchísimas más las obras de todo tipo que lo difunden como necesidad posible. Hay un marco teórico muy consolidado que establece que la felicidad es un producto, que está entre nosotros y que es trabajo nuestro alcanzarla.

De hecho, en este mundo de búsqueda constante de identidades que nos diferencien de los otros, la de la felicidad es una muy habitual. Y la contraria, también. Podríamos decir que el mundo se divide entre motivados y mohínos, pero la división no es tanta porque ambos grupos tienen que exhibir sus valores y hacerlo de una forma simpática, en los mismos canales y con formatos y recursos similares. Ya no se puede estar contento ni triste a solas.

Al escribir su libro superventas y convertirse en la voz de los introvertidos, lo que ha hecho Susan Cain es construirse y dar las herramientas para que sus seguidores también se construyan una identidad como introvertidos. Unos valores y atributos —por usar terminología de estrategia de marca— que les ayudan a entenderse a sí mismos, pero, sobre todo, a explicarse y posicionarse ante el mundo. Así lo explica ella en varias entrevistas, en las que compara las emociones que sentía al redactar la obra con la que debían de sentir autoras de la segunda ola del feminismo. Cain, de hecho, ha llegado a equiparar la discriminación de los introvertidos con la de la mujer en los años sesenta del siglo pasado.

La autora dice ser más feliz desde que se sabe introvertida y se dedica a escribir y dar charlas para ayudar a otros a reconocerse como tal. Y muchos de esos otros están proclamando su condición, experiencias y consejos en sus redes y canales, exhibiendo su categoría de personas reservadas sin temor a la paradoja. Tenemos tan interiorizada la búsqueda de la felicidad como la necesidad de tener una identidad, y la suma de ambos aprendizajes forzados se convierte en la receta para un cóctel de contradicciones. Porque también la depresión, la ansiedad o incluso las tendencias suicidas son contenidos recurrentes, problemas de salud mental reales y crecientes que se utilizan como elementos identitarios y que muchas veces se exhiben con humor, ironía o desapego. Con la cordialidad necesaria para no desentonar en el tono simpático dominante y no ser expulsado del acuerdo social, ese que no nos permite ser verdaderamente cenizos.

La soledad no deseada es uno de los problemas de nuestro tiempo. Esta frase se puede encontrar como titular de cientos de textos periodísticos. Es un axioma. Se habla de soledades urbanas y de soledades rurales, se habla especialmente de la soledad de los mayores y se habla también de la soledad de los jóvenes, que creen estar comunicándose a través de las plataformas pero que en realidad se encuentran solos física y emocionalmente. Se habla de todo eso con buenas razones para hacerlo, pero haciéndolo se imprime un carácter definitivamente negativo a una palabra, «soledad», que no tiene por qué tenerlo.

Las condiciones económicas y sociales imponen muchas formas de soledad negativa. La fatiga crónica y la ansiedad provocadas por la precariedad y las exigencias laborales restan tiempo y fuerzas para la vida social y familiar. La imposibilidad de acceso a una vivienda asequible abre enormes distancias entre personas. La competencia entre ciudades globales, la industrialización del trabajo agrícola y la ausencia de propuestas de adaptación de los territorios vacían los pueblos, pero también las ciudades pequeñas e intermedias. La velocidad y la insensibilidad dejan atrás a los mayores. La falsa sensación de conexión que ofrecen las plataformas tecnológicas aísla a los jóvenes, a los que además culpabilizamos a pesar de ser víctimas, como también lo somos nosotros, de la economía de la atención. El ruido, la inquietud y la prisa nos hacen estar más solos al mismo tiempo que nos impiden disfrutar de la soledad.

«La soledad, la observación y una sencilla cordialidad deberían reconocerse no solo como fines en y de sí mismos, sino como derechos inalienables que pertenecen a cualquier persona que tenga la suerte de estar viva».[3] La artista norteamericana Jenny Odell expresa en su libro *Cómo no hacer nada* la conveniencia de dar un paso a un lado para salirse de las exigencias de la productividad: las de la economía a secas y, especialmente, las de la economía de la atención. Odell propone escapar de las dinámicas que nos están haciendo huir de nosotros mismos, las que nos impiden entender y entendernos. Distanciarse es verlo todo, incluido a uno mismo, con perspectiva, alejarse de la cacofonía del saber convencional para oír la voz propia. Para eso es necesario aprender a estar solos.

Esta misma necesidad de tomar aire la expresa Josep Maria Esquirol en *La resistencia íntima* acordándose de una pintada de la desvencijada habitación de un anacoreta en Turín: «Quien va al desierto no es un desertor». Quien va al desierto, dice

Esquirol, es «un resistente».[4] Alguien con el coraje suficiente no para expandirse, que es lo que manda la exigencia social y económica, sino para recogerse y precisamente así encontrar la manera de resistir el ruido de las condiciones exteriores impuestas. Escribe Esquirol: «El resistente no anhela el dominio, ni la colonización, ni el poder. Quiere, ante todo, no perderse a sí mismo, pero, de una manera muy especial, servir a los demás».

Otra autora norteamericana, la socióloga Sherry Turkle, cita en su libro *En defensa de la conversación* a Thoreau y las tres sillas que decía tener en su cabaña: una para la soledad, otra para la amistad y la tercera para la sociedad.[5] Para Turkle, estas tres sillas metafóricas sirven de círculo virtuoso para unir capacidad de introspección con empatía. «En la soledad nos encontramos a nosotros mismos y nos preparamos para acudir a la conversación con algo que decir que sea auténtico, nuestro. Cuando confiamos en nosotros mismos, somos capaces de escuchar a los demás y de entender de verdad lo que nos tienen que decir. Y, además, cuando conversamos con los demás, mejoramos nuestra capacidad para dialogar con nosotros mismos».

Escapar de la simpatía impuesta es un acto de resistencia. Salir de la cháchara y elegir el silencio y la soledad es un derecho. Optar por estar apartado del ruido nos conecta con los demás porque nos permite observar y escuchar de verdad. Solo callados, también mentalmente, sin estar pensando en lo que nuestro yo necesita decir para sentirse realizado, podemos de verdad estar pendientes de lo que dice el otro, sea persona, animal o cosa. Así se construye la verdadera conversación con la gente y la naturaleza, desde la empatía y el respeto.

Escuchar es un ejercicio. Quizá creemos que escuchamos más que nunca. Pensamos que al oír todos los pódcast que oímos, al ver y atender todos los contenidos audiovisuales, al recibir toda la información que nos llega, al leer un montón de libros y ensayos como este, somos perfectamente partícipes de lo que sucede en el mundo. Nos pasa igual con nuestros familiares, amistades y seguidores, que creemos saber por mensajes cómo están y qué hacen casi en cada momento. También nos pensamos conectados a quienes vemos a menudo, hablamos con ellos, les contamos nuestras cosas y ellos nos cuentan las suyas. La realidad es que igual no estamos haciendo nada, solo estamos dejándonos llevar por la corriente ruidosa, no hay resistencia.

En las conversaciones personales, todo empieza por callarse. «Saber escuchar es saber callar», dice Michel Le Van Quyen en *Cerebro y silencio*.[6] Y explica, desde su conocimiento neurocientífico, cómo para escuchar de verdad al otro debemos hacer un esfuerzo. «Escuchar requiere no dejarse invadir por los propios pensamientos, los propios recuerdos, las propias emociones que suscita la conversación con el otro. De hecho, este silencio interior es el más difícil de lograr. Exige una atención particular, una disponibilidad para recibir, para dejar venir a ti. Se trata de aceptar que el otro penetre en nuestra intimidad». Otra vez la difícil tarea de intentar frenar la red neuronal por defecto y la insistencia de nuestro ego por sobresalir. Casi nada.

En la conversación global y permanente es tan complicado o más. Ahí también nuestro ego nos tienta a estar presentes contando todo lo simpático que nos acontece para ganar capital social para nuestra marca personal. Pero además nos invita a sentirnos siempre en la pomada estando pendientes de todo lo que pasa, de todo lo que creemos que nos interesa, de todo lo que nos dicen que es relevante. El camino hacia el silencio pasa también por acallar toda esa cacofonía del saber convencional.

# Contra el saber

Masanobu Fukuoka fue un agricultor japonés que vivió el siglo XX y parte del XXI resistiendo el ruido del progreso. A los veinticinco años, poco antes del inicio de la Segunda Guerra Mundial, mientras paseaba por un viejo arrozal en la prefectura de Kochi, tuvo una intuición. En ese momento era un joven biólogo que aplicaba el conocimiento científico a la agricultura industrial. En su deambular por ese campo abandonado, observó plantas de arroz jóvenes y sanas que crecían entre las malas hierbas y pajas que cubrían la tierra. La caída del caballo de este prometedor técnico fue rotunda. Masanobu Fukuoka entendió que el saber adquirido, todo en lo que había confiado, era un camino hacia ninguna parte. A los pocos días dimitió de su trabajo y se fue al hogar familiar —la explotación de mandarinos y arroz de su padre— a poner en práctica lo descubierto en esa revelación, a desarrollar un sistema de cultivo basado en el no hacer que casi un siglo después se conoce como agricultura natural o método Fukuoka.

Los principios de este proceder son pocos y sencillos: no arar ni voltear el suelo, no usar abonos químicos ni compost preparado, no atacar las malas hierbas ni a mano ni con herbicidas y no depender de productos químicos. Además, su método recomienda plantar las semillas con *nendo dango*, un sistema creado por él, a partir de la observación de los procesos naturales, que consiste en meter las simientes dentro de bolas de arcilla para protegerlas de los animales y que puedan brotar una vez que se haya deshecho la cobertura. Los mandamientos de Fukuoka son, tanto para quien tiene un pequeño huerto como para quien gestiona explotaciones más grandes, como quitar una pieza de la base de un juego de construcción y hacer que se derrumbe todo lo practicado durante siglos. Ni la agricultura orgánica ni, por supuesto, la industrial conciben un planteamiento que, básicamente, consiste en dejar la tierra en paz.

Masanobu Fukuoka no fue solo un tipo raro que proclamaba la posibilidad de hacer las cosas en contrasentido. Fue un agricultor próspero que acogía en su casa a gente de todo el mundo interesada en conocer su sistema y trabajar con él. Además, tuvo que aguantar a un montón de expertos de la industria y la ciencia que llegaban a comprobar su eficacia con una mezcla de desconfianza y codicia.

Le costó años que las tierras familiares se recuperaran de los procedimientos impuestos por la costumbre del progreso, pero lo hicieron; y su forma de obrar empezó a llamar la atención. Sus campos demostraron a lo largo de décadas tener rendimientos similares y a veces superiores a los cultivados por métodos orgánicos, tradicionales y químicos. Sus suelos fueron mejorando cada año, siendo más fértiles y capaces de retener el agua, mientras que los cultivados con técnicas orgánicas y tradicionales se mantenían igual y los que eran trabajados con productos químicos se agotaban y dejaban de dar vida en menos de una generación. Más ventajas comprobadas por Fukuoka: el consumo de recursos y, por tanto, el coste económico, social y medioambiental era y es mucho menor con la agricultura natural que con otras. Y el tiempo dedicado a la faena, también.

«Particularmente, no me gusta la palabra "trabajo". Los seres humanos son los únicos animales que tienen que trabajar y yo creo que esta es la cosa más ridícula del mundo».[1] En su libro, *La revolución de una brizna de paja*, el japonés demuestra ser, además de un agricultor revolucionario, un pensador necesario. Es una obra breve en la que se aprenden los fundamentos de su método, pero también una visión crítica del devenir de nuestra sociedad y nuestra economía, con un lenguaje y unos planteamientos sencillos y directos que se pueden confundir con ingenuidad solo si se miran desde la soberbia intelectual que Fukuoka desarma.

Al hablar de trabajo, dice que «no hay tiempo en la agricultura moderna para que un agricultor escriba un poema o componga una canción», y desbarata el relato económico que nos impele a dedicar la vida a todo lo que no es tal cosa, da igual si somos hortelanos que camareros o programadores. Lo hace proponiendo alternativas existenciales que pasan por relacionarse con la tierra de otra manera y plantarse frente a uno de los dogmas menos cuestionados de nuestro acuerdo social: el saber y la ciencia como motores de mejora de nuestro bienestar.

«El mundo acostumbraba a ser sencillo. Simplemente te dabas cuenta al pasar por el prado de que al tocar las gotas de rocío te mojabas. Pero desde el momento en que la gente empezó a querer explicar científicamente esta gota de rocío, se atraparon a sí mismos en el infierno sin fin del intelecto». Masanobu Fukuoka es un hereje, un filósofo antisistema que propone un órdago a la forma en que hemos planteado y explicado el progreso desde una posición que asume que se puede percibir primitiva pero que considera el único camino sensato.

Todo, según Fukuoka, parte de un error básico: el ser humano cree que es él quien produce la comida. Nuestra convicción de ser el centro del universo, la visión atropocéntrica y egocéntrica de la naturaleza por la cual siempre creemos ser protagonistas, nos hace pretender que somos al mismo tiempo problema y solución. «La razón de que las técnicas mejoradas por el hombre parecen necesarias es que el equilibrio natural ha sido alterado tan gravemente de antemano por estas mismas técnicas que la tierra se ha hecho dependiente de ellas». Para Fukuoka, nuestra historia se resume en una sucesión de acciones equivocadas que se van acumulando hasta que sentimos la necesidad de arreglarlas sin plantearnos jamás apartarnos de los saberes que nos han llevado hasta esos errores. «Es como si un loco saltase sobre su tejado a reparar el daño, alegrándose al final por haber conseguido un remedio milagroso. Pasa lo mismo con el científico. Lee libros día y noche, forzando sus ojos y convirtiéndose en miope; si le preguntas en qué ha estado trabajando todo el tiempo, ves que era para convertirse en inventor de las lentes correctoras de la miopía».

Como señalan muchos otros críticos con nuestro sistema de aprendizaje y trabajo, Fukuoka sostiene que nos hemos especializado tanto que no somos capaces de comprender nada en su totalidad. Vemos la realidad de forma fragmentada y, cada vez más, separamos unas fracciones de otras. Cada área de conocimiento se ocupa de cada uno de esos pequeños trozos y va diseccionándolos, analizándolos, estudiándolos e interviniéndolos. Pero lo hace sin estar realmente conectada con otras áreas y, mucho menos, con la totalidad. Así, estamos flotando a merced de los rápidos de una notable paradoja: cuanto más aprendemos, más nos alejamos de la verdadera sabiduría.

Por eso, incluso cuando nos concentramos en actividades presumiblemente positivas como el regreso a la naturaleza o la lucha contra la contaminación, dice el pensador japonés, lo hacemos mal: «Un problema no puede ser resuelto por personas que están preocupadas por una u otra de sus partes».

Leer a Fukuoka es un ejercicio de humildad y de asunción de nuestra infinitesimal pequeñez también como seres pensantes. Para él, todo el convencimiento científico y sus esfuerzos para desentrañar la naturaleza «y hacerla utilizable» son en vano. «Yo creo que el entendimiento de la naturaleza escapa a la inteligencia humana», dice sin ningún sufrimiento. No hay angustia en sus palabras porque una de las cosas que expone es que estamos llenos de deseos extravagantes que nos han traído a este lío: «Rápido mejor que lento, más mejor que menos, este "desarrollo" superficial está relacionado con el colapso inminente de la sociedad».

Normalmente, pensamos que cuando alguien habla de este tipo de deseos se refiere a objetos, a cosas materiales. Fukuoka así lo hace, pero incluye en esta categoría al ruido de la ciencia, que se dedica a generar, entre otras cosas, estos objetos e incluso la necesidad de alcanzarlos. Y va del «solo sé que no sé nada» atribuido a Sócrates, a una especie de ni-lo-sé-ni-me-importa que logra plantar una semilla de silencio y quietud en la algarabía que tenemos montada en nuestra cabeza. «Estaría bien si la gente parase de preocuparse en descubrir el "verdadero significado de la vida": nosotros no podremos saber nunca las respuestas a las grandes cuestiones espirituales, pero está bien el no entenderlas».

Saber es uno de los rasgos por los que los humanos nos creemos singulares. Un saber muy conectado con la economía y sus intrínsecas inquietudes, tanto en la manera en que nos relacionamos con él como en su financiación y objetivos. Acumulamos saber igual que acumulamos capital, queremos más y lo queremos rápido. Nos sirve para hacer esa otra cosa tan nuestra que es competir. La ciencia ha sido herramienta para conquistar territorios y mercados, en la guerra y ahora en la empresa. Los programas de estudios en escuelas y universidades están diseñados para sumar buenos candidatos al mercado laboral, lo cual aumenta el estrés de los estudiantes y descarta todo conocimiento considerado inservible, como identificó el profesor Nuccio Ordine en *La utilidad de lo inútil*.[2]

De hecho, el método productivo ha calado en la investigación académica y ahora las publicaciones científicas se miden por cantidad y no por calidad, en una carrera que permite destacar a docentes y universidades, escalar en rankings, subir matrículas y captar más estudiantes. El fenómeno incluye casos de corrupción y compraventa de coautorías y ediciones y supone una presión muchas veces insoportable para los investigadores. Ya no utilizamos la ciencia para estudiar y entender el mundo, sino, sobre todo, para generar nuevas técnicas y tecnologías que permitan el desarrollo como lo entiende el modelo económico. Fukuoka escribe que los investigadores, antes de serlo, «deberían convertirse en filósofos, deberían considerar cuál es la meta humana». El problema es que la meta humana ya está decidida: es el crecimiento; y la ciencia, buena parte de ella, está dedicada a ese fin.

Hay más problemas en todo esto y muchos cabalgan a lomos de una paradoja.

El pensamiento racional, las luces y la ciencia se se enfrentaron en su momento a lo irracional, el mito, la religión. Se trataba de dudar de todo, de hacerse preguntas más que de tener respuestas, de salir de la oscuridad de la caverna. Se trataba de todo eso hasta que el capitalismo lo convirtió en un instrumento y dotó al saber del relato necesario para hacerlo incuestionable. Esta es la tesis fundamental de *Técnica y tecnología*, el ya citado libro del físico y filósofo Adrián Almazán.[3] El autor sostiene que nuestra relación con el progreso y con la ciencia, especialmente la tecnociencia, es «profundamente mítica» y se ha convertido en una nueva religión «cuyos sacerdotes son los expertos». «Como resultado de esta ignorancia ilustrada, y de la impotencia crítica que genera la especialización del conocimiento, la verdad ha terminado por convertirse para la mayoría en simple materia de fe».

Hay un acuerdo unánime en llamar a este momento la era de la posverdad. Un ruidoso periodo histórico en el que, ya sea por la velocidad de difusión de la información, el exceso de contenidos, la falta de tiempo, los medios tecnológicos disponibles o todas las opciones anteriores, son los mensajes simples e irracionales —muchas veces directamente increíbles— los que terminan calando en la sociedad. Como ocurre con otros rasgos de la contemporaneidad, como el populismo o el autoritarismo, tanto izquierdas como derechas acusan al otro lado de intoxicar a través de la posverdad, que por cierto es un eufemismo bastante absurdo de una palabra más reconocible: «mentira». Sin embargo, y sin miedo a la incoherencia, unos y otros —tanto líderes como seguidores— son defensores del progreso y de la ciencia, a la que se agarran para tratar de demostrar sus mentirosas posverdades.

Y es que, en pocos jardines más frondosos puede uno entrar en la ruidosa conversación pública como el que tiene que ver con llevar la contraria al saber científico convencional. Para todo aquel que se enorgullece de ser una persona cabal, el mundo se divide esencialmente en racionales y magufos. El término —acrónimo de «mago» y «ufólogo»— se ha popularizado para despreciar y meter en el mismo saco a todo aquello que se considera seudocientífico y, por tanto, herejía.

El saco es gigante y acoge tanto a los antivacunas, los terraplanistas y los que temen los *chemtrails* como a los practicantes del yoga, la meditación, la acupuntura e incluso el psicoanálisis o la terapia Gestalt. Sigmund Freud y Carl Jung ya están dentro del grupo despreciable y, si Masanobu Fukuoka viviera hoy y cometiera la imprudencia de tener redes sociales, seguro que también lo añadirían a la bolsa del oprobio por ser ejemplo práctico de la consistencia del *wu wei*, un principio taoísta que propone la no intervención. Lo extraño es que aún nadie haya cancelado a Yuval Noah Harari por ser practicante confeso —dos horas diarias y retiros de dos meses al año— de meditación vipassana.

Sin atreverme más que a asomarme al jardín, lo que se ve en esta división tan estricta y exigente es algo que expresa Almazán en su libro: «La ciencia occidental ha pretendido ser la única manera legítima de mirar y comprender el mundo, ha denunciado al resto como aproximaciones míticas y bárbaras». No es coincidencia que, de todas las teorías y prácticas incluidas en el saco magufo, las mayores patrañas traten de ganar credibilidad aludiendo y argumentando a través de disciplinas admitidas.

El asunto que pretendo señalar no consiste tanto en reconocer lo que es ciencia y lo que no, sino en la forma en que se abandera lo científico frente a todo lo demás. En un momento en que el saber es cada vez más técnico y especializado, los defensores de lo racional lo hacen desde una posición tan rígida y beligerante —y, en muchos casos, con tan poco conocimiento— que recuerdan a una integrista policía de la moral.

Todos somos expertos incluso de lo que desconocemos, repetimos dogmas aprendidos y nos negamos a escuchar los argumentos que nos puedan hacer dudar. Nuestra «ignorancia ilustrada» nos impide disfrutar del milagro de la observación libre de certezas, que es lo que propone Fukuoka y que, en realidad, es el principio del pensamiento científico.

El saber se ha convertido en un producto de consumo. Además de lo ya señalado en relación con el funcionamiento de la investigación académica como parte de un sistema competitivo —capitalista— entre escuelas y universidades, el conocimiento es parte esencial del mercado de contenidos planteado por la economía de la atención. La oferta de saberes es variada y con diversas capas de prestigio, pero casi siempre acaba siendo una forma de obtener capital social que ayuda a articular la identidad del adquiriente —la dichosa marca personal— como experto en algo. El mercado se distribuye a través de múltiples canales y en diversos formatos para contenidos que van desde el fútbol o las noticias del corazón a la ciencia, pasando por la actualidad política, el motor, el bricolaje o cualquier otro tema.

Puede sonar raro ver en el mismo paquete cosas tan aparentemente dispares como un medio deportivo y un repositorio de estudios e investigaciones académicas, pero no soy yo el que ha creado las dinámicas de distribución ni la costumbre de adquisición que los asimilan. En ambos casos se trata de, a partir de ciertas noticias o *papers* existentes, crear necesidades de conocimiento a través de estrategias de experiencia de usuario y de relación para convertir cada plataforma en el vehículo para satisfacerlas. El método funciona y acaba convirtiendo a las personas que están al otro lado en profetas. Para el receptor, la manera de amortizar el tiempo y dinero invertidos en estar pendiente de esos contenidos es redifundiéndolos a todo quisque.

Los hombres siempre han explicado cosas a las mujeres, como retrató Rebecca Solnit, inspiradora del término *mansplaining*, pero ahora la brasa se ha convertido en algo generalizado, en un ruido insoportable. Los hombres cada vez más explican más cosas a las mujeres y a los niños y, por supuesto, a otros hombres; y algunas mujeres, bastantes, se han sumado al carro de convertir cualquier diálogo en una egocéntrica y aburrida demostración de conocimientos casi siempre superficiales en la que el emisor no calla ni escucha ni observa. Finalmente, todos somos eso de lo que tanto nos reímos: todos somos un poco cuñados; sobre todo cuando llamamos así a los otros, convencidos de que ellos no saben de lo que hablan y nosotros sí.

Hay otro problema en todo este proceso y es la desaparición de los saberes comunes. La multiplicación de los canales y formatos, pero también la especialización de los temas, hace cada vez más difícil la verdadera conversación, la social y la privada. La fragmentación no solo imposibilita el diálogo, sino que facilita la difusión de bulos y creencias absurdas, propicia los mecanismos de funcionamiento del sesgo de confirmación y acelera la segregación ideológica. Estamos mucho más lejos de ver el todo de la realidad que cuando Masanobu Fukuoka detectó el problema, y una de las razones es que vivimos enterrados bajo una enorme masa de contenidos específicos en distintos formatos y canales.

Se calcula que hay más de cinco millones de pódcast en todo el mundo.[4] Más de cuarenta y cuatro mil contenidos audiovisuales —series y películas— en plataformas de *streaming*.[5] En torno a tres millones de artículos diarios en medios de comunicación.[6] Más de siete millones de *papers* académicos se publican cada año —muchos son los científicos que, en la corrupta carrera por escalar en los rankings de publicaciones, firman más de cien al año—.[7] Se suben casi cuatro millones de vídeos nuevos a YouTube al día.[8] Alrededor de cuatro millones de libros salen al mercado anualmente.[9] Se estima que en un día se generan 328,77 millones de terabytes de datos solo en contenidos digitales.[10]

El saber sí ocupa lugar: el espacio físico y la energía necesaria para mantener todos los servidores, imprentas, platós y estudios y demás infraestructuras de la industria del conocimiento. Pero también el espacio mental que nos oprime y nos exprime, que nos genera ansiedad por estar y ser enterados. Una inquietud que nos llega a confundir tanto que, muchas veces, el camino que elegimos no es renunciar a saber, sino imprimir velocidad a la emisión de esos conocimientos. Acelerar, en vez de parar.

# Contra la prisa

La prisa es un atributo del movimiento, uno posible pero no imprescindible. Una persona puede ir a su ritmo, ir despacio o ir acelerada. Puede elegir, pero no siempre. La prisa, más que la lentitud, suele ser una velocidad impuesta; bien por las circunstancias, bien por una angustia que sale de la cabeza. Los humanos hemos aplicado una rapidez antinatural a nuestros desplazamientos, pensamientos y devenir y de esta manera hemos extendido la prisa desde la corteza hasta más allá de la atmósfera terrestre. La prisa es una de las causas del Antropoceno y otro de los rasgos del antropocentrismo. La prisa es y genera inquietud. La prisa es ruido.

En 2004 se publica en todo el mundo *Elogio de la lentitud,* de Carl Honoré, que viene a ser el manual de una corriente que en aquellos años parecía capaz de poner freno al frenesí de la sociedad.[1] El movimiento *slow* empieza como un intento de resistencia gastronómica. En 1986, en Roma, un grupo de gente protesta contra la apertura de un McDonald's en la plaza de España. Ese mismo año, en Bra, localidad del Piamonte, Carlo Petrini transforma la Libera e Benemerita Associazione degli Amici del Barolo —«libre y benemérita sociedad de los amigos de barolo» (un vino de la zona)— en la asociación Arcigola. Petrini, como su amigo Manuel Vázquez Montalbán, era y es un rojo con buen paladar que considera que la revolución empieza por comer bien, entendido esto como cultivar y alimentarse con productos de la tierra y de temporada cocinados con calma y mimo. *Slow food* es el paso siguiente, una asociación presente en más de ciento cincuenta países que tiene derivadas en el ámbito urbano, *slow cities*, y en la vida en general, movimiento *slow*.

Carl Honoré escribe en *Elogio de la lentitud* que «el cerebro humano está acondicionado para la velocidad» porque esta libera «dos sustancias, la adrenalina y la noradrenalina, que también recorren el cuerpo durante el acto sexual». Y dice que «el hábito de la velocidad alimenta una necesidad constante de más rapidez». Honoré afronta de una manera sencilla y algo superficial nuestra relación con el tiempo y el culto a la prisa, además de repasar las áreas en las que el movimiento lento propone alternativas necesarias: alimentación, ciudad, salud, trabajo, ocio, crianza e incluso sexo. El libro es un best seller que sigue acumulando ediciones en los múltiples idiomas a los que ha sido traducido y que ha servido a su autor para publicar otros similares —*Viajar sin prisa*, *Aprende a desacelerar en 30 días*, *Elogio de la experiencia*, *La lentitud como método*— y hacer carrera como conferenciante. Pero, en lo relativo a su afán por parar el frenético transitar de la sociedad, ha supuesto lo mismo que un mosquito estrellado sobre el parabrisas de un deportivo lanzado a 220 km/h por la autopista.

El colmo de Honoré y de todos los que hacemos proselitismo del silencio y la quietud es la reciente propuesta del mercado de los contenidos de acelerar su consumo para hacerlo aún más compulsivo. En realidad, la posibilidad de apresurar la reproducción de productos audiovisuales existe desde 2004 —el mismo año de publicación de *Elogio de la lentitud*—, cuando Apple la incluyó en su iPod. Pero ahora está en todas partes. YouTube, Netflix, WhatsApp y muchas otras plataformas de vídeo y audio permiten aumentar la velocidad de reproducción desde un 20 hasta un 100 %. Además, también hay oferta de audiolibros que son resúmenes de clásicos y best sellers. Así que no sería raro que en este momento hubiese bastante gente escuchando un resumen de *Elogio de la lentitud* al doble de velocidad.

Detrás de esta práctica está la obsesión por acumular conocimientos y hacernos los enterados que hemos visto en el capítulo anterior. También, la aceleración generada por el progreso, las exigencias laborales y sociales, el empeño por la eficacia y la imposibilidad de llegar a todas partes.

En cuanto a la comida, tampoco el movimiento *slow* parece haber apaciguado nada. Es verdad que hay una tendencia a lo artesanal, a elaborar pan y fermentados, a valorar los comercios tradicionales y las propuestas gastronómicas apegadas a la tierra, pero las estimaciones señalan un aumento del mercado global de la comida rápida a un ritmo anual de un 4,7 % de 2020 a 2027.[2] Las aplicaciones tecnológicas vuelven a jugar un papel clave, proponiendo la posibilidad de pedir y recibir sin moverte de casa o el lugar de trabajo cualquier plato que creas que te apetece en muy poco tiempo.

Como tantas otras cosas que vienen del capitalismo financiero, el sector de la comida rápida también transforma a toda velocidad la vida en los entornos urbanos, otro campo en el que lo *slow* se puede considerar fracasado. Las ciudades están íntimamente conectadas a las corrientes económicas, son germen y laboratorio de todo lo que imponen. Y, así, las urbes de todo el mundo se van llenando de cocinas fantasma y marcas de hostelería —restaurantes, cafeterías, panaderías— franquiciadas que ofrecen productos industriales preparados en naves lejanas servidos por trabajadores precarios y, por eso, acelerados.

Lo mismo ocurre en materia de movilidad, con una oferta creciente de coches, motos, patinetes y bicis compartidas, vehículos VTC y todo el batiburrillo de empresas logísticas dedicadas a traer y llevar paquetes, casi todos ellos proyectos hipertrofiados con millonarios apoyos de distintos fondos de capital riesgo cuyas inversiones no necesitan una rentabilidad real, sino que les basta con la que viene de la venta al siguiente fondo. Su presencia afecta tanto a las costumbres de los vecinos como al transporte público, que acaba degradado y con alta probabilidad de extinción.

La vivienda también es un producto para el consumo acelerado: unas convertidas en hoteles gracias a Airbnb, Booking y demás agentes de la industria turística, otras transformadas en residencias de estudiantes para complementar ese negocio y las demás también en manos de un mercado inmobiliario que se ha hecho global. El resultado es una emergencia habitacional generalizada que hace que nos alejemos cada vez más de nuestros espacios de trabajo y socialización y, al tener que recorrer más distancia para llegar a ellos, aumente nuestra prisa.

Que quede claro: si vamos cada vez más rápido no es porque vayamos al ritmo que marca nuestra naturaleza, sino para cumplir las exigencias de los inversores y accionistas de fondos y empresas. Nuestra prisa es una velocidad impuesta por las necesidades de la economía.

«En una cultura orientada a la producción, se suele creer que pensar es no hacer nada y no es fácil no hacer nada».[3] Rebecca Solnit escribe sobre feminismo, política, arte, medioambiente, pero siempre acaba hablando de algo que tiene que ver con permanecer en nuestro sitio e ir a nuestro ritmo. Una forma de ser y estar que quizá en Occidente no tiene nombre, pero que en China hace miles de años que llaman *tao*. El significado original de dicha palabra es «vía», «camino».

En *Wanderlust. Una historia del caminar*, la estadounidense retoma y empuja una tradición sí existente en este lado del mundo: la de quienes resisten la aceleración yendo al ritmo que nos es natural. «Me gusta caminar porque es lento y sospecho que la mente, como los pies, trabaja a cuatro kilómetros por hora. Si esto es así, entonces la vida moderna se está moviendo más rápido que la velocidad del pensamiento, o de la atenta consideración».

Como explica Chantal Maillard en *Las venas del dragón*, atribuimos la noción de tao a los taoístas a los que da nombre, pero viene de antes y Confucio la toma para expresar «la manera de actuar con la ley del universo».[4] Tiene por ello una doble acepción: la de «vía», pero también la de «método». Dos significados que están íntimamente ligados y que tienen que ver con el ritmo con que se va por la vida, esos cuatro kilómetros por hora que menciona Solnit.

Tao es camino y conocimiento porque ir a esa cadencia permite ver, entender y estar. Como dice Maillard: «Examinar la naturaleza de las cosas significa averiguar el modo en que actúan las fuerzas, no para someterlas, sino para encauzarlas: llevarlas por su cauce y que no se desborden».

Antes que Solnit, Walter Benjamin escribe sobre los *flâneurs* de la Francia del siglo XIX, personajes urbanos entregados al paseo sin rumbo y la contemplación en una sociedad que empezaba a ir demasiado deprisa.[5] A Benjamin, que construye su reflexión a partir de la mirada sobre Baudelaire, los *flâneurs* le sirven para ejemplificar una crítica al capitalismo. Una resistencia que está presente en los textos y la vida de Henry David Thoreau que, amén de *Walden*, es autor de un libro llamado *Caminar*, su obra más popular en vida. «Creo que existe en la Naturaleza —escribe— un sutil magnetismo y que, si cedemos inconscientemente a él, nos dirigirá correctamente».[6]

El problema es que no estamos cediendo a ese magnetismo, el estrépito nos impide apreciar las sutilezas y vamos a toda mecha a todas partes y no, como sospecha Solnit, de la manera y al lugar que tenemos que ir.

*Vacare* en latín significa «estar desocupado». De esta raíz vienen palabras como «vagar» y «vago». Curioso: «vagar» —«estar ocioso», «tener tiempo para hacer algo», «ir sin prisa» son sus definiciones habituales— es hoy un anhelo generalizado al mismo tiempo que «vago» —«holgazán», «perezoso», «sin oficio»— es un insulto. Quizá en esta contradicción se pueda apreciar la sutileza de la que habla Thoreau, un magnetismo que nos atrae pero que nos vemos obligados a obviar y, por eso, lo convertimos en negación. Nos gustaría no estar encadenados a la prisa, la inquietud y el ruido, pero, como lo estamos, consideramos que quien se ha liberado de esas ataduras es un sobrante.

Ha habido un episodio reciente en el que hemos estado a punto de darnos cuenta del error. La COVID-19 lo paró todo en seco. No fue una desaceleración suave; fue un frenazo brusco y trágico, tanto por la enfermedad y la muerte como por el miedo y la angustia generalizadas ante el desarrollo de la pandemia y su estrepitoso eco mediático y político. Además, el encierro obligatorio vigilado por militares y policías —profesionales y de balcón— contribuyó a que la situación recordase a una ficción distópica. Y, sin embargo, mucha gente reconoció y aún reconoce haber extraído de aquello experiencias positivas, incluso suficientes como para un cambio de vida.

El parón de la pandemia creó muchos panaderos y guitarristas, pero, sobre todo, nos enseñó que una vida menos acelerada es tan deseable como posible. Aprendimos a relacionarnos de otra manera con nuestros espacios cercanos —nuestra casa, nuestra calle, nuestro barrio—, también con nuestros vecinos de siempre, personas, animales y plantas. Supimos que para trabajar no había que recorrer grandes distancias, que en muchos casos se puede hacer en una esquina de tu hogar. Conocimos el valor de oficios y labores primarias y de cuidados y, por primera vez en mucho tiempo, las valoramos por encima de otras con más glamour y menos incidencia directa en nuestras vidas. Descubrimos la posibilidad de pasear sin necesidad de consumir, solo por el placer de hacerlo. Y volvimos a la naturaleza, observamos aves, aprendimos a reconocer plantas, caminamos por pueblos y sendas. Y muchos pensamos que esa era la forma de vida que realmente nos pertenecía.

El éxodo rural es un fenómeno característico de la civilización humana, mucho más agudizado desde la Revolución Industrial y potenciado por guerras y conflictos económicos, sociales y medioambientales. Hoy, lo normal es que la gente se vaya del campo a la ciudad por la falta de trabajo debida a la industrialización de los procesos agrícolas y ganaderos y la concentración de la propiedad en esos sectores, por la ausencia de servicios y también por el reclamo del relato urbano que promete una vida mejor, a pesar del ruido, la urgencia y el estrés. En la pandemia se habló de un proceso inverso por el que la gente descubrió que, efectivamente, la urgencia, el ruido y el estrés son asuntos muy importantes que hay que evitar. Muchas personas y familias se fueron o se plantearon ir a vivir al campo. Otros descubrieron que habían pasado la vida moviéndose como pollo sin cabeza, buscando por todas partes su lugar en el mundo cuando lo tenían allí al lado, en el pueblo de su padre, en la casa de su suegra, conversando en un porche con el relajante griterío nocturno de los grillos de fondo. De toda esa mucha gente, solo alguna queda por allí. Los demás, volvieron.

«Saldremos mejor» fue un lema repetido durante los meses de encierro por el virus. En aquel momento pensábamos que el mundo iba a ser otro, que nosotros estábamos cambiando y que no solo íbamos a volver a estrechar lazos solidarios y dejar atrás el individualismo galopante, sino que el mismísimo capitalismo se iba a refundar para dejarnos vivir de otra manera. Pero no. No salimos mejores, salimos escopetados.

Como Miguel de Unamuno volviendo del destierro a la Universidad de Salamanca, en cuanto el virus empezó a flojear el neoliberalismo pronunció un breve «decíamos ayer» y se puso todo de nuevo en marcha. Aún más rápido, aún más alto y aún más fuerte.

Nada más acabar la pandemia nos hemos cruzado con un atasco en el canal de Suez, una crisis de suministros, una guerra en Europa, otra en Oriente Medio y un proceso inflacionario, aparte de otros desastres más o menos habituales. Nada de esto ha frenado el ímpetu de la economía por recuperar el tiempo perdido y lanzarse de vuelta al crecimiento desbocado e imposible que constituye su promesa.

En la línea de la doctrina del *shock* sobre la que escribió Naomi Klein y a pesar de la tensión entre bloques y la amenaza de desglobalización, los gobiernos y las grandes empresas han aprovechado el miedo y la incertidumbre provocados por el parón pandémico para olvidarse de compromisos ambientales y sociales y pisar el acelerador con una venda en los ojos. El capitalismo se ha reafirmado como turbocapitalismo.

En el ámbito de la empresa y el emprendimiento, la palabra *exponencial* circula con cierta viveza. «Exponencial» es un adjetivo que viene del sustantivo «exponente», que en matemáticas expresa la potencia a la que se eleva un número, es decir, las veces que se multiplica por sí mismo. Aunque se puede elevar cualquier número a cero —el resultado siempre es uno— e incluso trabajar con negativos, la tendencia es a pensar que el mínimo exponente es dos. Por eso, el significado recurrente define el crecimiento récord, la aceleración convertida en espectáculo.

Se habla de organizaciones exponenciales —se resumen como ExO— para referirse a empresas que crean un impacto al menos diez veces mayor que otras de su mismo sector, a una velocidad de vértigo y con menos personal e inversión. Y se cita como ejemplos a Airbnb, Amazon, Google o Uber. Hay libros sobre el tema, entradas en blogs, pódcast, eventos, conferencias, talleres y másteres que impulsan esta secta. Porque, si la economía es la creencia más extendida en nuestra sociedad, se puede decir que lo exponencial es una corriente de dicho culto. La doctrina capitalista se basa en la posibilidad del crecimiento constante, pero se conforma con tasas entre el 3 y el 20 %, según sean regiones o empresas. Para los iluminados del exponencialismo eso es ir demasiado lento.

Mark Zuckerberg, fundador y dueño de Meta —Facebook, Instagram y WhatsApp—, es el autor de una frase que podría funcionar como mandamiento de esta fe en la prisa: «Muévete rápido y rompe cosas. Si no estás rompiendo cosas, es que no te estás moviendo lo suficientemente rápido». Aquí hay encerrados muchos significados importantes para los que aspiran a medrar en la empresa moderna: está el de arriesgarse, aunque sea equivocándose, el de triunfar después de haber fracasado, el de ser ágil y flexible… Pero, más allá de esos subtextos, la literalidad dice lo siguiente: no importan las consecuencias de lo que hagas, ni siquiera importa qué es lo que estás haciendo ni para qué; lo único que importa es hacerlo a toda velocidad.

El aforismo más famoso de Zuckerberg define fenomenalmente el funcionamiento y la ética del sistema económico y, por tanto, enmarca nuestro comportamiento como especie en los últimos tiempos. La prisa no es tanto un atributo de nuestra existencia como su fin. Y aquí la palabra «fin» da sentido a la frase con sus dos acepciones. Porque lo más probable es que toda la aceleración, todo el crecimiento exponencial y toda la urgencia turbocapitalista lo único que consigan es que, efectivamente, lleguemos antes al desenlace.

El tiempo es un asunto más complejo de lo que solemos pensar. El tiempo que nos dictan los relojes, ordenado y unificado en husos horarios para que los trenes, los trabajadores y las operaciones de bolsa lleguen a su hora, es un acuerdo social relativamente reciente: los países lo adoptaron entre la Conferencia Internacional del Meridiano, de 1884, y la Conferencia Internacional de la Hora, de 1912. Pero, observado desde un punto de vista físico, «no hay un solo tiempo; hay muchísimos». Lo explica Carlo Rovelli en *El orden del tiempo*, aclarando desde el principio que «lo que llamamos "tiempo" es una compleja colección de estructuras, de estratos».[7] Por ejemplo, pasa más deprisa en las alturas —en la montaña— y más despacio debajo —en el llano—. Sucede así por la manera en que el Sol y la Tierra actúan sobre el espacio y tiempo que hay entre ellos y los modifican.

El calor también afecta al tiempo. «Cada vez que se manifiesta una diferencia entre pasado y futuro, hay calor de por medio», escribe Rovelli. Introduce así el segundo principio de la termodinámica, que viene a decir que el calor solo fluye de cuerpos calientes a otros más fríos y que por eso el grado de entropía de un sistema siempre aumentará o permanecerá igual. Como apunta Stephen Hawking, «el aumento del desorden o entropía es lo que distingue el pasado del futuro, dando una dirección al tiempo».[8] Hasta aquí, Zuckerberg puede estar contento con su concepto de moverse rápido y romper —desordenar— cosas. Hasta aquí.

Las cosas cambian por la agitación microscópica de las moléculas, que provoca ese calor que se transmite y agita otras moléculas, otras cosas. Todo se transforma y nada puede volver a ser como era. También nosotros, los humanos, que nacemos, crecemos, envejecemos y morimos debido a esas agitaciones, por mucho que Zuckerberg y sus vecinos de Silicon Valley estén invirtiendo millonadas en tratar de retrasar el inevitable término. Esto nos ocurre como individuos, pero ¿nos sucederá como especie?

La entropía viene de serie con el universo, que desde el Big Bang no ha dejado de crecer y por eso su expansión es constante. Hay teorías que sostienen que esto será el fin del cosmos, cuando no haya más energía disponible para ser transformada y se produzca su muerte térmica. Si eso sucede, será dentro de un tiempo que es difícil imaginar.

Los organismos vivos de este planeta, bacterias, plantas y animales como nosotros, extraemos la energía de lo que tenemos cerca, es decir, nos mantenemos en equilibrio aumentando el desorden de lo que tenemos alrededor.[9] Los humanos hemos venido organizando ese desorden a través de una sofisticada y compleja industria para el cultivo y la cría de los alimentos y, también, de un sistema para sostener esa industria y nuestra forma acelerada de vida con combustibles que extraemos de unas materias primas y recursos finitos que, según apuntan bastantes indicios, ya van escaseando. Que sea un método de productividad organizado no significa que no provoque el desorden al que se refiere la física.

De hecho, el orden de la naturaleza es tender al desorden, a la mezcla y a la variedad y nosotros, convencidos de ser los protagonistas de esta historia llamada vida, queremos dirigirla y hacerla más monótona y uniforme. Nuestra organización no es otra cosa que caos. Por eso es probable que, cuanto más rápido vayamos en este proceso, la extinción ocurrirá antes; bien porque efectivamente se acaban los recursos que mantienen en marcha nuestro método, bien porque el jaleo que hemos organizado para mantenernos en lo que creemos que es equilibrio acaba con nosotros.

Quizá sea conveniente que nos fijemos e imitemos cómo van por la vida otras especies animales y vegetales. Se mueven más despacio y rompiendo muchísimas menos cosas. Esta es una de las razones por las que bastantes de ellas han cumplido y, si no lo impedimos nosotros, van a cumplir un tiempo considerablemente superior al nuestro como especies vivas. Por eso, hablando en términos que nuestra mentalidad competitiva nos permite entender, han tenido y van a tener mucho más éxito que nosotros.

# Silencio es disidencia

Llegados al capítulo final de este libro-manifiesto, quizá muchos lectores esperen un catálogo de soluciones para los males expuestos. Como si, por una ley de la compensación no escrita pero sí muy presente en nuestra forma de pensar, todas las páginas anteriores deban equilibrarse con un epílogo lleno de ideas para transformar la situación. Un último capítulo dedicado a proponer vías para quitarnos de en medio el ruido, la inquietud y la prisa, una manera de terminar con algo de esperanza.

No. En este caso, la negación es silencio y el silencio, disidencia. Decir «no» es tanto esquivar las exigencias como asumir la imposibilidad de una misión que se nos encomienda precisamente porque nos queda grande. ¿Un librito puede desenredar todo lo que siglos de evolución económica y social han ido embrollando? ¿Un autor precario que tiene que sacar tiempo de su vida familiar para escribir es capaz de alumbrar las claves para salvar el mundo? ¿Debemos asumir, cada uno de nosotros, la responsabilidad de ser los héroes que agarran del brazo a toda la sociedad justo antes de que caiga por el precipicio? No.

Aceptar esta incapacidad es un ejercicio de humildad. Reconocer nuestra fragilidad y rechazar esta carga es renunciar al narcisismo y empezar a entender lo insignificante de nuestra existencia en relación con la inmensidad del espacio y el tiempo no ya del universo, sino del planeta que nos acoge. Desertar de la visión antropocéntrica que nos considera protagonistas de esta película llamada vida tal vez sea la única forma de empezar a disfrutar del pequeño milagro que es. Callarse, parar y no hacer es ir a contracorriente de la bulliciosa y acelerada dinámica de nuestra sociedad, pero no del ritmo natural de la existencia. Es el *wu wei* que permite *La revolución de una brizna de paja* de Masanobu Fukuoka, una transformación que existe gracias a que él se regala un momento para detenerse y contemplar cómo funciona la vida sin nuestro autoatribuido protagonismo. Es también el *Walden* de Thoreau, el *4'33"* de John Cage y el *Bartleby* de Melville.

Reconocer la imposibilidad de afrontar como individuos la misión salvadora no es una rendición, sino un corte de mangas a los mecanismos de funcionamiento impuestos. Cuando alguien plantea dudas sobre la situación general del mundo, se le exige inmediatamente que aporte soluciones. Si no las tiene, se descarta su discurso. Igual que no está permitido el pesimismo, el imperativo optimista incluye en su reglamento la necesidad de saber cómo seguir. De esta forma, se anula la rebelión con rodillos de algo que se denomina sentido común, pero que, en realidad, es solo una letanía de tópicos. Hoy el mundo no se divide en apocalípticos e integrados, como planteó Umberto Eco, porque aquellos son, somos, notas enviadas más allá del margen. Si no sabes cómo arreglar todos los problemas que planteas, mejor no los plantees.

Como buena religión que es, lo que hace de esta manera el modelo económico y social es traficar con la culpa y vendérsela a sus fieles-víctimas, en este caso en forma de responsabilidad para provocar un cambio imposible. Es lo que hizo en 2004 la petrolera BP, al popularizar el concepto de «huella de carbono» a través de una costosísima campaña de publicidad destinada a cargar las emisiones en el debe de la ciudadanía y no en la actividad de empresas como la suya. Es lo que hacen los políticos que se califican progresistas cuando se posicionan como paladines del desarrollo sostenible y el consumo responsable sin tropezarse con el oxímoron ni caer en su insensatez al imputar el pecado a sus creyentes. Es lo que hacen los líderes populistas cuando hablan de «las élites» en tercera persona como si ellos no hubieran formado parte toda su vida del pequeño grupo de privilegiados por la economía o la política y no fuesen, por tanto, las figuras a derribar por sus iracundos discursos. Todo son cortinas de ruido que ocultan la profundidad de la brecha y camuflan sus causas.

Además, conviene señalar que la obsesión humana por encontrar soluciones es una parte esencial del problema. En primer lugar, por algo que ya se ha explicado aquí citando al hortelano Fukuoka: nuestra historia es un error sobre otro error hasta que un día nos levantamos hacendosos y decidimos arreglarlo todo… con las estrategias de siempre, ese plan de acciones equivocado.

En segundo lugar, por lo que muestra de nuestro carácter confundido y despegado del funcionamiento de las cosas. Detrás de esa confianza en nuestra capacidad para resolver hay inseguridad. Cuando, por ejemplo, pensamos que la ciencia, financiada por millonarios con este fin, encontrará un camino para una larguísima existencia sin enfermedades, lo único que mostramos es nuestro miedo a la muerte y, por tanto, nuestra inhabilidad para comprender la vida. Cuando ponemos toda la fe del optimismo en un futuro hecho a nuestra imagen y semejanza, estamos revelando nuestra inconsistencia e inconsciencia.

Ayuda leer al filósofo italiano Emanuele Coccia cuando explica cómo cada uno de nosotros somos porque antes y alrededor hay otros que han sido, cómo cada especie existe como modificación de otra, cómo la vida es una continua metamorfosis. Así se llama uno de sus libros, una obra que termina con estas palabras: «El porvenir es el hecho de que la vida y su fuerza están por todas partes y no pueden pertenecer a ninguno de nosotros, ni como individuo, ni como nación, ni como especie. El porvenir es una enfermedad que obliga a los individuos y a las poblaciones a transformarse […]. No tenemos que protegernos de esa enfermedad. No necesitamos vacunarnos contra el virus del tiempo. Sería inútil. Nuestra carne jamás dejará de cambiar. Debemos estar enfermos, muy enfermos. Sin temor a morir. Somos el porvenir. Vivimos rápido. Con frecuencia morimos».[1]


«Cuando nacemos, cuando entramos en este mundo, es como si firmásemos un pacto para toda la vida, pero puede suceder que un día tengamos que preguntarnos quién ha firmado esto por mí».[2] Años después de su célebre *Ensayo sobre la ceguera*, José Saramago escribió y publicó *Ensayo sobre la lucidez*. En esta novela recupera personajes de aquella, así como la ciudad anónima donde tiene lugar la acción, pero aquí no retrata una sociedad que se descubre podrida tras una pandemia, sino una comunidad que reacciona ante el cáncer del poder echándose a un lado, tratando de deslegitimar esa firma que menciona la cita que inicia este párrafo.

En una jornada electoral en ese lugar ficticio pasa algo inesperado: los votantes deciden, misteriosa e independientemente, votar en blanco. Los gobernantes y el resto de los políticos de los distintos partidos optan por no tenerlo en cuenta y convocan otras elecciones en las que el voto en blanco aumenta. La miga del libro no está tanto en el quizá algo naif mecanismo de protesta contra la democracia —el voto en blanco— ni en la crítica —elegante y suave, al estilo Saramago— a las miserias y la soberbia de la política de partidos, sino en el retrato del asombro de los poderosos cuando descubren que la gente no les sigue el juego. Lo que hacen los habitantes del lugar en esas elecciones es hacerse un Bartleby, responder educadamente que así no, cambiar de tema. Ante el ruido electoral, silencio. Ante la inquietud que provoca ese silencio, más quietud.

Sin duda, el silencio y la inmovilización impuestas son y han sido siempre formas de opresión del poderoso hacia el débil, ya sea en las relaciones personales, en las sociales, en las económicas o en las políticas. Pero también pueden ser todo lo contrario, sobre todo en tiempos de ruido; un jaleo que es, normalmente, una imposición del sistema diseñada para distraer, adocenar, confundir y, así, reprimir.

Quizá el máximo exponente de esta forma de hacer política deshaciendo la convencional es Mohandas Karamchand Gandhi. El líder indio se formó como disidente en la Sudáfrica del apartheid, adonde llegó para trabajar como abogado en 1893. Allí, al comprobar el burdo y cruel funcionamiento de los mecanismos de dominación, cultivó un planteamiento político que mezclaba el pensamiento de desobedientes de raíz anarquista como Henry David Thoreau y León Tolstói con las experiencias rebeldes de los independentistas irlandeses o las sufragistas británicas y los principios orientales de *swaraj* —autogobierno—, *swadeshi* —autosuficiencia— y *ahimsa* —sin daño— y la filosofía advaita —que plantea la no dualidad, cada uno de nosotros somos parte de un todo—. A partir de la digestión de todo ello y de sus propias experiencias vitales, propone el concepto de *satyagraha*, un término creado por él mismo que puede traducirse como «la fuerza de la verdad» y que le sirve para iniciar un movimiento pacífico de desobediencia civil que prueba primero en Sudáfrica y luego traslada a la India.[3]

En el país africano, Gandhi provoca un ejercicio de lucidez mucho más radical —y real— que el de Saramago: miles de ciudadanos se niegan a pagar impuestos, incumplen las leyes racistas y van a la cárcel sin importarles las consecuencias, impulsados por esa fuerza de la verdad. Para Gandhi, el poder que se atribuyen para sí los gobernantes depende del consentimiento de quienes son gobernados y, por eso, cuando estos se retiran del juego, no queda más remedio que renegociar las reglas. Eso es lo que llegó a hacer el Gobierno sudafricano, que en 1914 firmó la Ley de Compensación India que incluía bastantes de las reivindicaciones de esa comunidad que había liderado Gandhi.

Su revolución tardó veinte años en lograr algunos de sus propósitos en Sudáfrica y más de treinta en hacer lo propio en su país. Allí, la lucha no violenta fue sumando millones de personas a todo tipo de movilizaciones, reclamaciones y campañas en un movimiento que iba mucho más allá de la demanda de independencia del Imperio británico, que se logró finalmente en 1947, y que era más bien una lucha por el autogobierno y la autogestión, el clásico *People have the power*.

La influencia del pensamiento y la acción de Gandhi está en la cultura popular, en la canción de Patti Smith y la novela de Saramago, por ejemplo, pero también en la historia política, de Rosa Parks, Martin Luther King y el movimiento por los derechos civiles en Estados Unidos a la primavera árabe, el 15M y Occupy Wall Street. En tiempos de inquietud y ruido, romper de esta manera el marco del discurso dominante es quizá una de las pocas vías de acción posibles para quien está lejos de los ámbitos de poder.

El marco es tal vez uno de los conceptos más gastados en el lenguaje político actual y su creador, el lingüista estadounidense George Lakoff, una de las personas más citadas por los asesores que pretenden subir la tarifa de sus consultorías. Lakoff ha escrito sobre cómo nuestra mente necesita de metáforas para asimilar el mundo —algo parecido a lo que, en capítulos anteriores y mencionando a Harari y Storr, se ha nombrado como ficciones y relatos— y la forma en que esas metáforas van directamente a consolidar pensamientos previamente establecidos. «La gente piensa mediante marcos […]. La verdad, para ser aceptada, tiene que encajar en los marcos de la gente […]. Los hechos se nos pueden mostrar, pero para que nosotros podamos darles sentido tienen que encajar con lo que ya está en la sinapsis del cerebro. De lo contrario, los hechos entran y salen inmediatamente».[4] Es, también, otra manera de explicar la disonancia cognitiva y el sesgo de confirmación.

Según la aplicación que hacen de este planteamiento los consultores, la *satyagraha* propuesta por Gandhi no vale para nada, lo que importa es el relato. Lo que han hecho estos *spin doctors*, educados a base de ver una y otra vez la serie *Borgen*, es jugar con los marcos propuestos por Lakoff como si fueran piezas de un puzle encajonadas dentro de un enorme marco superior al que podemos llamar democracia, sistema o modelo económico. Lo que sucede, debido a este ejercicio de estrategia política —entendida esta como el juego electoral, no como la búsqueda y gestión del bien común—, es que el ruido comunicativo emitido y recibido por los partidos se ha convertido en insoportable y los cambios producidos han sido mínimos. Llamémoslo polarización, populismo, posverdad o como queramos. Es ruido, un escandaloso sonido blanco del que creemos formar parte porque opinamos en bares, chats y redes sociales, pero que en realidad existe para entretenernos y confundirnos. Por eso, lo que hay que hacer es romper el tablero de juego, el marco. Porque la fuerza de la verdad está en otro lado. En la atención, por ejemplo.

«Atender» es un verbo que contiene dos significados muy relevantes en este contexto. Atender es poner el foco de los sentidos en algo o en alguien y, también, cuidar. Para ejercitar la atención, hay que percatarse del ruido, la inquietud y la prisa y sortearlos. Al ejercitar la atención, nos despojamos de la insensibilidad y la indiferencia y empezamos a reconocer al otro, entendido este pronombre como un todo en el que no solo estamos los humanos, sino también la naturaleza, las cosas, la vida. Considerar la alteridad es ver al otro como es, no como creemos que es o queremos que sea. Esto es la empatía y, para llegar a ella, hay que posicionarse en un silencio consciente. Así se cuida; así, nos cuidamos.

Amador Fernández-Savater, activista y filósofo, ha dedicado multitud de textos y conferencias al silencio y la atención como formas de resistencia, aportando a ambos conceptos una carga política que trasciende la miopía del *mindfulness* y la autoayuda. La concentración que propone no tiene como objetivo ser más productivo y eficaz, enfocar no es —no es solo— cambiarse a uno mismo. «La recuperación de la atención es inseparable de un proceso más amplio de transformación social. De creación —entre el ser y el no ser, entre el sujeto productivo y la blancura— de otras formas de estar en el mundo».[5]

Salirse del ruido es quitarse obligaciones, abrir un espacio, provocar una interrupción, dar un paso a un lado para observar las cosas con otra intención. Es una espera, una acción resistente y disidente que ralentiza el tiempo y lo adapta a nuestras necesidades reales, que no son las de la economía. Este es el principio de una reinvención que es tan personal como política. Solo fuera del jaleo podemos ser capaces de experimentar la vida de otra manera y orientarnos para descubrir lo que es verdaderamente relevante.

Estamos enganchados, como los animales de la caja de Skinner, a una sucesión de estímulos que se nos muestran como algo irrepetible e irresistible, son los que nos llegan a través de las notificaciones de las aplicaciones, los titulares mediáticos y los mensajes publicitarios. La exigencia de atención que conllevan nos distrae de lo que nos debería importar: nosotros, cada uno y todos.

El ruido nos aísla ofreciéndonos una falsa sensación de conexión permanente. Nos aleja de las fuentes verdaderas de vínculo social que no están en la virtualidad de las pantallas o del relato electoral y económico, sino en lo cotidiano, en un alrededor al que cada vez hacemos menos caso. Y así nos vamos haciendo más irritables, refractarios a la contrariedad y a un conflicto que, según Fernández-Savater, hay que reivindicar. El filósofo propone agarrarse a un concepto: la fecundidad del conflicto. «Estamos malentendiendo el conflicto. El conflicto es necesario, es inevitable. Del conflicto nace un diálogo fructífero que nos llevará a los que estemos en ese conflicto a otro lado, que será transformador porque no será el mismo en el mismo sitio en el que estábamos».[6]

Para ello, hay que esquivar la frase hecha, el meme y esa constante necesidad de conquista a la que ahora nos ha dado por llamar consenso. Nos adoctrinan para convencer, para relacionarnos a partir del dominio. Nos enseñan a creer que nuestro punto de vista es el bueno. Nos inquietan con tanto jaleo que no nos damos cuenta de lo imposible que es que ocho mil millones de personas puedan llevar razón al mismo tiempo. Por eso, para practicar la verdadera atención, hay que empezar por distraerse del ruido. Solo de esta manera podremos apreciar lo que hay más allá… y más acá.

Lo explica así Simone Weil: «Donde hay algo más, ahí uno puede ver lo otro, sentir lo otro, saborear lo otro, decir lo otro, escuchar lo otro, imaginar lo otro, tocar lo otro, conocer lo otro».[7] Para la filósofa francesa, la atención es un camino para sortear el sufrimiento y acercarnos a la sabiduría y la experiencia del mundo, la forma de encontrar nuestro lugar y, desde ahí, relacionarnos de una manera más fecunda con él y con los demás habitantes. Y así llegamos al amor.

«No hay sentimiento de realidad sin amor —escribe Weil en *El amor*—, y esa relación está en la raíz de la belleza. Pero ¿por qué? Entre todos los seres humanos, solo reconocemos plenamente la existencia de aquellos que amamos». «El amor y la atención —explica Fernández-Savater en *Habitar y gobernar*— están muy relacionados: ponemos atención en aquello que amamos y por eso somos capaces de percibir sus detalles».[8]

¿Es esta la gran propuesta de este pequeño libro? ¿Todo se reduce a sumar el concepto de atención al viejo lema de paz y amor? ¿Es así de simple? No tengo ni idea. Cómo lo voy a saber.

Solo sé que es imposible desandar los caminos iniciados, que no podemos volver atrás y hacerlo de otra manera, empezar de nuevo. No hay manera de saltar a un multiverso diferente o yo, que tampoco soy guionista de la Marvel, no la conozco. Ni siquiera creo que podamos destruir el modelo económico y social que tantos siglos lleva construyéndose y conformándonos; a estas alturas la palabra «revolución» queda muy lejos. No hay grandes soluciones, pero sí pequeños remedios, resquicios en los que cobijarse y empezar a escapar. ¿Dónde y cómo se encuentran? Finalmente, aquí va mi humilde propuesta: contra el ruido, la inquietud y la prisa, hay que callar, observar, escuchar, hay que parar y calmarse. Contra el ruido, la inquietud y la prisa, silencio.

# Notas y referencias

## Silencio es resistencia

1. George Berkeley, *Tratado sobre los principios del conocimiento humano*, Crotoxina, 2016.

2. Carmen Pardo, *La escucha oblicua. Una invitación a John Cage*, Madrid, Sexto Piso, 2001.

3. Pedro Bravo, *Silencio*. Episodio 6: «El silencio es cultura», Sonora, 2023. <https://www.sonora.com/programs/648769f9c235ca00011bb39a>.

4. Josep Maria Esquirol, *La resistencia íntima: ensayo de una filosofía de la proximidad*, Barcelona, Acantilado, 2015.

## Contra el ruido

1. R. Murray Schafer, *Soundscape: Our Sonic Environment and the Tuning of the World*, Inner Traditions Bear and Company, 1993. [Hay trad. cast.: *El paisaje sonoro y la afinación del mundo*, Barcelona, Intermedio, 2013].

2. Alberto Recio, Cristina Linares, José Ramón Banegas y Julio Díaz, «Impact of road traffic noise on cause-specific mortality in Madrid», *Science of the Total Environment*, 590-591, julio de 2017, pp. 171-173.

3. Julio Díaz *et al.*, «Does exposure to noise pollution influence the incidence and severity of COVID-19?», *Environmental Research*, 195, enero de 2021.

4. Maia Douillet *et al.*, *Coût social du bruit en France*, ADEME, 2021, en <https://librairie.ademe.fr/air-et-bruit/4815-cout-social-du-bruit-en-france.html>.

5. Environmental noise guidelines for the European Region, WHO, 2019, en <https://www.who.int/europe/publications/i/item/9789289053563>.

6. David Hendy, *Noise: A Human History of Sound and Listening*, Londres, Profile Books, 2013.

7 Murray Schafer, *Soundscape*, *op. cit.* [Hay trad. cast.: *El paisaje sonoro y la afinación del mundo*].

8. Herman Hesse, *El juego de los abalorios*, Madrid, Alianza, 1999.

9. *Urban Population*, World Bank, 2022, en <https://data.worldbank.org/indicator/SP.URB.TOTL.IN.ZS>.

## Contra la ciudad

1. The World Soundscape Project, en <https://www.sfu.ca/sonic-studio-webdav/WSP/index.html>.

2. Pedro Bravo, *Silencio*. Episodio 5: «La naturaleza suena bien», Sonora, 2023, en <https://www.sonora.com/programs/648769f9c235ca00011bb39a>.

3. Rachel T. Buxton, Amber L. Pearson, Claudia, George Wittemyer, *A synthesis of health benefits of natural sounds and their distribution in national parks*, 2021, en <https://www.pnas.org/doi/10.1073/pnas.2013097118>

4. Bravo, *Silencio*. Episodio 5, *op. cit.*

5. Rachel Carson, *La primavera silenciosa*, Barcelona, Crítica, 2023.

6. Alexander C. Lees, *et al.*, *State of the World Birds*, 2022, en <https://www.annualreviews.org/doi/full/10.1146/annurev-environ-112420-014642#_i2>.

7. Real Decreto 1180/2018, en <https://www.boe.es/buscar/doc.php?id=BOE-A-2018-15406>.

8. *Criterios orientativos sobre las zonas de protección necesarias para salvaguardar los objetivos de conservación de las especies protegidas en los espacios naturales en relación con la navegación aérea civil*, Ministerio para la Transición Ecológica y Reto Demográfico, en <https://www.miteco.gob.es/es/biodiversidad/temas/espacios-protegidos/comenp-21_11_criteriosaeronautica_tcm30-546790.pdf>.

9. Jane Jacobs, *Muerte y vida de las grandes ciudades*, Barcelona, Capitán Swing, 2011.

10. Ley 7/2021, de 20 de mayo, de cambio climático y transición energética, en <https://www.boe.es/diario_boe/txt.php?id=BOE-A-2021-8447>.

## Contra la economía

1. Will Storr, *La ciencia de contar historias*, Barcelona, Capitán Swing, 2022.

2. Paul Lafargue, *Derecho a la pereza*, Ley Fácil, 2022.

3. James Suzman, *Trabajo. Una historia de cómo empleamos el tiempo*, Barcelona, Debate, 2021.

4. «Great Resignation», Wikipedia, en <https://en.wikipedia.org/wiki/Great_Resignation>.

5. Gabriel Ubieto, «La pobreza laboral se dispara:

3,5 millones de trabajadores no llegan a final de mes», *El Periódico*, 29 de junio de 2022, en <https://www.elperio dico.com/es/economia/20220629/datos-encuesta-condi ciones-vida-pobreza-laboral-13960893>.

6. Mariana Mazzucato, «¿Y si la economía valorara lo que importa?», Project Syndicate, 2022, en <https:// www.project-syndicate.org/commentary/valuing-health- for-all-new-metrics-for-economic-policy-and-pro gress-by-mariana-mazzucato-2022-03/spanish>.

7. Herman Melville, *Bartleby, el escribiente*, Barcelo-na, Austral, 2013.

8. Henry David Thoreau, *Desobediencia civil* (e-book), Ama, 2020, y *Walden*, Madrid, Errata Naturae, 2013.

9. *Las desigualdades matan*, Oxfam Internacional, 2022, en <https://www.oxfam.org/es/informes/las-des igualdades-matan>.

10. «Crece la dependencia mundial de los antidepre-sivos», Statista, 2022, en <https://es.statista.com/grafi co/28425/consumo-de-antidepresivos-en-dosis-dia rias-definidas-por-cada-1000-habitantes/>.

11. *Diez claves sobre el nuevo informe del IPCC so-bre cambio climático*, Greenpeace, 2023, en <https://es. greenpeace.org/es/noticias/10-claves-sobre-el-nuevo-in forme-del-ipcc-sobre-el-cambio-climatico/>.

12. Javier Martínez, «El mayor informe sobre cambio climático reclama un giro radical en la economía global antes de 2025 para evitar el caos», *Infolibre*, 9 de agosto de 2021, en <https://www.infolibre.es/internacional/ma yor-informe-cambio-climatico-reclama-giro-radical-eco nomia-global-2025-evitar-caos_1_1208105.html>.

13. «El trágico final del hombre que se negó a saludar a Adolf Hitler», *La Vanguardia*, 17 de mayo de 2018, en <https://www.lavanguardia.com/internacional/20180

507/443342642059/august-landmesser-saludo- hitler.
html>.

14. Antonio Turiel, *Petrocalipsis*, Madrid, Alfabeto, 2020.

15. Bruno Latour, *¿Dónde estoy?*, Barcelona, Taurus, 2021.

16. *The State of the World's Children 2021*, Unicef, 2021, en <https://www.unicef.org/eu/reports/state-worlds-children-2021>.

17. «Von der Leyen promises EU strategy on mental health», Euractiv, 2022, en <https://www.euractiv.com/section/health-consumers/news/von-der-leyen-promises-eu-strategy-on-mental-health/>.

18. Byung-Chul Han, *La sociedad del cansancio*, Barcelona, Herder, 2012.

## Contra la tecnología

1. *The Largest Companies by Market Cap 2023*, The Motley Fool, 2023, en <https://www.fool.com/research/largest-companies-by-market-cap/>.

2. «Redes sociales con mayor número de usuarios activos a nivel mundial en enero de 2023», Statista, 2023, en <https://es.statista.com/estadisticas/600712/ranking-mundial-de-redes-sociales-por-numero-de-usuarios/>.

3. *From Netflix to Disney: How Much the Top 7 Streamers Will Spend on Content in 2023*, Indie Wire, 2023, en <https://www.indiewire.com/features/general/what-netflix-disney-streamers-spend-on-content-2023-1234819665/>.

4. Stanford Behavior Design Lab, en <https://behaviordesign.stanford.edu>.

5. B. J. Fogg, en <https://www.bjfogg.com>.

6. *Time Spent Using Smartphones*, Exploding Topics, 2023, en <https://explodingtopics.com/blog/smartphone-usage-stats>.

7. *How many people play video games?*, Levvvel, 2023, en <https://levvvel.com/video-game-industry-statistics/>.

8. «Digital 2023 Deep-Dive: How Much Time Do We Spend On Social Media?», Data Reportal, 2023, en <https://datareportal.com/reports/digital-2023-deep-dive-time-spent-on-social-media>.

9. Bruno Patino, *La civilización de la memoria de pez*, Madrid, Alianza, 2020.

10. Félix Badía, «Los arrepentidos de Silicon Valley», *La Vanguardia*, 8 de septiembre de 2019, en <https://www.lavanguardia.com/magazine/experiencias/los-arrepentidos-silicon-valley.html>.

11. Marta Peirano, *El enemigo conoce el sistema*, Barcelona, Debate, 2019.

12. Pedro Bravo, *Silencio*. Episodio 4: «Ruido Digital», Sonora, 2023, en <https://www.sonora.com/programs/648769f9c235ca00011bb39a>.

13. Theodore John Kaczynski, *Industrial Society and Its Future*, Pub House Books, 2018.

14. Richard Sennett, *Construir y habitar. Ética para la ciudad*, Barcelona, Anagrama, 2019.

15. Adrián Almazán, *Técnica y tecnología*, Madrid, Taugenit, 2021.

## Contra la inquietud

1. Humans Have More than 6,000 Thoughts per Day, Psychologists Discover, Newsweek, 2020, en <https://www.newsweek.com/humans-6000-thoughts-every-day-1517963>, y Sharon M. Koenig, «Tenemos 60.000 pensamientos al día y la mayoría son negativos», *La Vanguardia*, 21 de marzo de 2012, en <https://www.lavanguardia.com/vida/20120321/54271769272/sharon-koenig-ciclos-del-alma-entrevista.html>.

2. Shohaku Okumura: A Good for Nothing Life, Interior Mythos Journeys, 2020, en <https://www.youtube.com/watch?v=jzdYzu2236Q&t=122s>.

3. Michel Le Van Quyen, *Cerebro y silencio*, Barcelona, Plataforma, 2019.

4. Nazareth Castellanos, *El espejo del cerebro*, Madrid, LHG, 2021.

5. Anil Seth, *La creación del yo*, Madrid, Sexto Piso, 2023.

6. Pablo d'Ors, *Biografía del silencio*, Madrid, Siruela, 2012.

7. «Digital Fitness & Well-Being Apps – Worldwide», Statista, 2023, en <https://www.statista.com/outlook/dmo/digital-health/digital-fitness-well-being/digital-fitness-well-being-apps/worldwide>.

8. Ronald Purser, *McMindfulness*, Madrid, Alianza, 2021.

## Contra el Yo

1. Yuval Noah Harari, *Sapiens*, Barcelona, Debate, 2015.

2. Anil Seth, *La creación del yo*, Madrid, Sexto Piso, 2023.

3. Yuval Noah Harari, *Homo deus*, Barcelona, Debate, 2016.

4. Michael Pollan, *Cómo cambiar tu mente*, Barcelona, Debate, 2018.

5. *Trastornos de la personalidad. Criterios diagnósticos del DSM-5*, en <https://www.trastornolimite.com/tp/trastorno-de-personalidad-criterios-diagnosticos-en-el-dsm-5>.

6. Christopher Lasch, *La cultura del narcicismo*, Barcelona, Capitán Swing, 2023.

7. Susan Sontag, *Sobre la fotografía*, Barcelona, Debolsillo, 2008.

8. Simon Garfield, *En el mapa*, Barcelona, Taurus, 2013.

9. Eudald Espluga, *No seas tú mismo*, Barcelona, Paidós, 2021.

## Contra la simpatía

1. Carl Gustav Jung, *Tipos psicológicos*, Madrid, Trotta, 2021.

2. Susan Cain, *El poder de los introvertidos*, Barcelona, RBA, 2012.

3. Jenny Odell, *Cómo no hacer nada*, Barcelona, Ariel, 2021.

4. Josep Maria Esquirol, *La resistencia íntima: ensayo de una filosofía de la proximidad*, Barcelona, Acantilado, 2015.

5. Sherry Turkle, *En defensa de la conversación*, Barcelona, Ático de los libros, 2017.

6. Michel Le Van Quyen, *Cerebro y silencio*, Barcelona, Plataforma, 2019.

## Contra el saber

1. Masanobu Fukuoka, *La revolución de una brizna de paja*, Artieda (Navarra), Ecohabitar, 2011.

2. Nuccio Ordine, *La utilidad de lo inútil*, Barcelona, Acantilado, 2013.

3. Adrián Almazán, *Técnica y tecnología*, Madrid, Taugenit, 2021.

4. 49 Podcast Statistics That Really Matter, Demandsage.com, 2023, en <https://www.demandsage.com/pod cast-statistics/#:~:text=There%20are%20over%205%20 million,available%20in%20over%20150%20languages>.

5. «Number of movies and TV shows available on selected subscription video-on-demand (SVOD) services worldwide», Statista, 2021, en <https://www.statista. com/statistics/1248749/availability-movies-tv-shows-svod-service-worldwide/>.

6. How Many News Articles Are Published Every Day?, The Small Business, 2023, en <https://thesmallbu sinessblog.net/news-articles-published-every-day/#:~:tex t=An%20estimated%20number%20of%20between,pu blished%20per%20day%20in%202020>.

7. The Number of Papers Overtime, ResearchGate. net, 2023, en <https://www.researchgate.net/figure/ The-number-of-papers-over-time-The-total-number-of-papers-has-surged-exponentially-over_fi-g1_333487946#:~:text=Contexts%20in%20source%20 publication&text=...%20recent%20years%20there%20 has,1>, y Manuel Asende, «Un científico que publica un

estudio cada dos días muestra el lado más oscuro de la ciencia», *El País*, 2023, en ‹https://elpais.com/cien cia/2023-06-03/un-cientifico-que-publica-un-estudio-ca da-dos-dias-muestra-el-lado-mas-oscuro-de-la-ciencia. html›.

8. YouTube Stats, Wezowl.com, 2023, en ‹https:// www.wyzowl.com/youtube-stats/›.

9. Number of Books Published Per Year, Wordsrated. com, 2021, en ‹https://wordsrated.com/number-of-books-published-per-year-2021/›.

10. Amount of Data Created Daily, Explodingtopics. com, 2023, en ‹https://explodingtopics.com/blog/da ta-generated-per-day›.

## Contra la prisa

1. Carl Honoré, *Elogio de la lentitud*, Barcelona, RBA, 2013.

2. 40+ Shocking Fast Food Statistics For 2023, Eat-pallet.com, 2023, en ‹https://eatpallet.com/fast-food-sta tistics/#:~:text=People%20ages%2020%2D39%20eat, about%2024.1%25%20%5B4%5D›.

3. Rebecca Solnit, *Wanderlust. Una historia del ca minar*, Barcelona, Capitán Swing, 2016.

4. Chantal Maillard, *Las venas del dragón*, Barcelo na, Galaxia Gutenberg, 2021.

5. Walter Benjamin, *Libro de los pasajes*, Madrid, Akal, 2005.

6. Henry David Thoreau, *Caminar*, Madrid, Árdora, 1998.

7. Carlo Rovelli, *El orden del tiempo*, Barcelona, Anagrama, 2018.

8. Stephen Hawking, *Historia del tiempo,* Barcelona, Planeta, 2013.

9. Beatriz Gato Rivera, «¿La entropía es contraria a la existencia de seres humanos?», *El País*, 21 de agosto de 2019, en <https://elpais.com/elpais/2019/08/19/cien cia/1566206604_137956.html#:~:text=Pero%20la%20 respuesta%20es%20que,y%20mantener%20su%20 compleja%20organizaci%C3%B3n>.

## Silencio es disidencia

1. Emanuele Coccia, *Metamorfosis. La fascinante continuidad de la vida*, Madrid, Siruela, 2021.

2. José Saramago, *Ensayo sobre la lucidez*, Madrid, Alfaguara, 2004.

3. Mahatma Gandhi, *Política de la noviolencia*, Madrid, Los Libros de la Catarata, 2023.

4. George Lakoff, *No pienses en un elefante: lenguaje y debate político*, Barcelona, Península, 2017, y *Metáforas de la vida cotidiana*, Madrid, Cátedra, 2017.

5. Amador Fernández-Savater, Oier Etxebarria (coords.), *El eclipse de la atención: Recuperar la presencia, rehabilitar los cuidados, desafiar el dominio de lo automático*, Barcelona, Ned, 2023.

6. Pedro Bravo, *Silencio*. Episodio 9: «La revolución tranquila», Sonora, 2023, en <https://www.sonora.com/ programs/648769f9c235ca00011bb39a>.

7. Simone Weil, *El amor*, Paracuellos de Jarama (Madrid), Hermida, 2023.

8. Amador Fernández-Savater, *Habitar y gobernar: Inspiraciones para una nueva concepción política*, Barcelona, Ned, 2020.

«Para viajar lejos no hay mejor nave que un libro».

Emily Dickinson

# Gracias por leer este libro.

En **penguinlibros.club** encontrarás las mejores
recomendaciones de lectura.

Únete a nuestra comunidad y viaja con nosotros.

penguinlibros.club

 penguinlibros